Johannes F. Brakel
Birken, Mohn und Baobab

Johannes F. Brakel

Birken, Mohn und Baobab

Ein Streifzug durch die Pflanzenwelt

Verlag Freies Geistesleben

*Herausgegeben von der Pädagogischen Forschungsstelle
beim Bund der Freien Waldorfschulen*

Johannes F. Brakel ist Lehrer für Biologie, Chemie und Erdkunde. Durch viele Exkursionen in die Lebensräume interessanter Tiere und Pflanzen sind die Botanik und die Zoologie zu seinen Spezialinteressen geworden. Im Verlag Freies Geistesleben erschien von ihm auch die Bücher *Moschus, Buntspecht und Delphine* und *Buschmann, Buddha, Tuareg*.

2. Auflage 2011

Verlag Freies Geistesleben
Landhausstraße 82, 70190 Stuttgart
Internet: www.geistesleben.com

ISBN 978-3-7725-2236-9

Bildnachweis: Alle Fotos stammen von Johannes F. Brakel, außer S. 37: R. Mandera; S. 46: J. Hauke / Blickwinkel; S. 85: R. Hulhoven, S. 88: Kjell B. Sandved / Okapia; S. 174: P. Sengbusch; S. 215: www.deepseaimages.com

Copyright © 2005 Verlag Freies Geistesleben
& Urachhaus GmbH, Stuttgart
Einbandgestaltung: Thomas Neuerer unter Verwendung
eines Fotos von J. Hauke / Blickwinkel
Gesamtherstellung: Stürtz GmbH, Würzburg
Printed in Germany

Inhalt

Im Laubwald 7
*Eichen 7 / Birken 11 / Buschwindröschen 15 /
Hahnenfuß 17 / Die Mistel 21*

Im Mittelmeergebiet 25
*Der Ölbaum 25 / Der Mandelbaum 31 / Korkeichen- und Lorbeerwälder 35 /
Macchie 41*

In der Savanne 43
*Baobab und Akazien 44 / Gräser 51 / Baumwolle 56 /
Lilien und Lilienverwandte 60*

Im tropischen Regenwald 65
*Wildfeigen 65 / Palmen 72 / Orchideen und Vanille 78 /
Mimose 84 / Ein unglaubliches Paar 86 / Bambus 90*

In der Taiga 94
*Fichte und Tanne 96 / Farne 100 / Moose 104 /
Pilze – oder das größte Lebewesen der Welt 107*

In der Tundra 112
Flechten 114 / Insektenfangende Pflanzen 118

Im Garten und auf dem Feld 123
*Sonnenblumen 123 / Löwenzahn und Wegwarte 128 /
Lein oder Flachs 134 / Die Akelei 138 / Eisenhut 142 / Märzveilchen 146 /
Wilde Möhren und Gartenmöhren 150 / Brennnesseln 1535 / Rosen 158*

In der Steppe 165
Federgras 166 / Wermut 168

In der Wüste 170
*Rutenstrauch oder Retamginster 171 / Die Rose von Jericho 173 /
Kakteen und Wolfsmilch 176*

Im Hochgebirge 179
*Lärche und Zirbelkiefer 180 / «Der kleinste Baum der Erde» 185 /
Mohn, Mohn, Mohn 188 / Mannsschild 194 / Der Höhenrekord 196 /
Edelweiß 199*

Im Wasser 202
*Seerosen und Lotos 202 / Wasserhahnenfuß 208 /
Der Wasserschlauch 210 / Tange und Algen 213*

Im Laubwald

Eichen

Wer im Herbst beim Spazierengehen unter Eichen gerät und das kräftige Rauschen des Windes in den starren Eichenblättern bewundert, tut gut daran, rasch weiterzugehen, sonst prasselt ihm ein Schauer der vom Wind herabgeschleuderten reifen Eicheln um die Ohren und auf den Kopf. Wenn dann noch ein Gewitter heraufzieht, sollte er einen großen Abstand, besonders zu freistehenden Eichen, halten: Eichen ziehen Blitze an – nicht nur wegen ihrer enormen Höhe von 30, manchmal 40 Metern, sondern auch wegen ihrer mehrere Meter tief in die Erde hineinreichenden Pfahlwurzeln, die oftmals Grundwasser erreichen. So findet der Blitz einen direkten und sehr schnellen Weg in die Erde. Die Eiche verliert dabei oft mehrere Äste oder einen Teil des Stammes. Ein Mensch aber, der danebenstünde, würde dies kaum überleben; jedes Jahr sterben in Europa mehrere Menschen durch einen Blitzschlag.

So ist es kein Wunder, dass allen alten Völkern, bei denen es Eichen gab – Griechen, Römer, Perser, Hethiter und Germanen –, dieser Baum als Sitz der Götter galt, oft als Sitz der Gewitter- und Kriegsgötter. «Friedliche» Hausbäume sind die Eichen nie geworden. Wer möchte sich auch einen Verbündeten der Gewitter ans Haus holen?

Schon die bloße Gestalt eines alten Eichbaumes flößt Respekt ein: Steht man unter einer Eiche, so spannt die Krone einen großen, weiten und dunklen Raum um und über einem aus. Die mächtigen Äste, die oft im rechten Winkel aus dem Stamm treten, tragen in der Nähe des Stammes kein Laub, nur an den Enden, an den kleinen Zweigen

Spät im April oder Mai treiben die neuen Blätter der Eichen aus.

scharen sich dichte Blattbüschel. So entsteht eine eigene «Eichenraum», in den man gut eine Baumhütte bauen kann. Nicht gerade und schwungvoll streben die Äste hinauf, sondern knorrig, in Windungen und Winkeln, als trügen sie das Blätterdach nur mit Mühe. Tatsächlich ist dies nicht eine Sache der Kraft – das Eichenholz ist ungeheuer stark –, sondern eine Sache des Wachstums: Oftmals stirbt im Winter die vorderste der im Sommer und Herbst angelegten Zweigknospen ab, während die Seitenknospen erhalten bleiben. Dadurch kann der Zweig im Frühling nicht gerade weiterwachsen, sondern treibt rechtwinklig nach der Seite aus – der Zweig wird also gewinkelt. Da sich dies fast jedes Jahr wiederholt, wächst daraus ein immer größerer, aber immer gewinkelterer, manchmal schlangenartig gekrümmter Ast.

Das Eichenholz muss von großer Kraft sein, um solche manchmal acht Meter langen, waagerecht abstehenden Äste zu tragen. Und wirklich ist Eichenholz das härteste und dauerhafteste aller einheimischen Hölzer: Holzhäuser, Kirchen und Schiffe wurden daraus gebaut. Da es auch im Wasser nicht fault, hat man Eichenpfähle verwendet, um im morastigen Grund ein Fundament zu setzen. So ist die Stadt Venedig auf Millionen von Eichenpfählen im flachen Wasser der Lagune gegründet, ebenso der älteste Teil von Hamburg und die Berliner Museumsinsel in der Spree.

Die Gestalt der Eiche, die sich aus ihren abrupten Wachstumswechseln ergibt, kann keine ganz gleichmäßige sein: Im Umriss zeigt die Eichenkrone kräftige Auswölbungen von großen Laubpartien, aber auch größere Lücken, als triebe es sie immer wieder hinaus und hinein. Ähnlich formt sich auch das Eichenblatt mit seinen unverwechselbaren Ausbuchtungen und Einbuchtungen: Hinein und hinaus wölbt sich der Blattrand, immer im Wechsel und immer mit Kraft.

Wo so viel Kraft in den Stamm, die Äste, das Holz und die Blätter geht, bleibt nur noch wenig für die Blüten: Wer nicht sehr genau darauf achtet, hat wahrscheinlich noch nie Eichenblüten gesehen. Spät im April oder im Mai sprießen die Büschel der noch kleinen, festen Blätter aus den Winterknospen, und gleichzeitig treiben die hellgrünen Kätzchenblüten mit den Staubblättern aus. Der gelbe Blütenstaub rieselt heraus und wird vom Wind mitgenommen. Noch unscheinbarer sind die Fruchtblätter, die auf getrennten Blüten sitzen und aus denen sich bis zum Herbst die Früchte entwickeln: die bekannten Eicheln, die zunächst noch in ihren Hütchen sitzen, aus denen sie sich später lösen und zu Boden fallen oder geschleudert werden.

Die Früchte sind für Rehe, Hirsche und Wildschweine eine wichtige Nahrung, um sich im Herbst noch einmal einen ordentlichen Vorrat für den Winter anzufressen. Früher trieb man auch die Hausschweine zur Eichelmast in den Wald. Der Eichelhäher und das Eichhörnchen tragen sogar ihren Namen von ihrer Hauptnahrung. Die beiden fressen aber nicht alle Eicheln sofort, sondern legen sich auch Vorräte im Boden und unter Moospolstern für den Winter an. Erstaunlich, wie

Die unscheinbar grünen Blüten der Eichen erscheinen gleichzeitig mit den Blättern.

gut sie diese Vorratskammern dann später tatsächlich wiederfinden! Einige vergessen sie dann aber doch – und verbreiten so die Samen der Eichen! Wenn aus diesen Eicheln anschließend Bäume wachsen und diese viele Jahre später selber Eicheln tragen, können wiederum die Urururenkel der Eichelhäher und Eichhörnchen davon fressen …

Eine Fülle von Tieren lebt direkt oder indirekt von den Eichen: der Eichenzipfelfalter, ein Schmetterling mit schwarz-blauen Flügeln, dessen Raupen von den frischen Eichenblättern fressen; der Eichenheldbock und der Hirschkäfer, deren Larven von totem, zu Mulm zerfallenen Holz alter Eichen leben; der Specht, der verschiedenste Insekten aus und unter der rissigen Rinde hervorklaubt; die Waldohreule, die in einem morschen Astloch haust, oder der Dachs, der unter den Wurzeln der Eiche seinen weitläufigen Dachsbau gräbt. Für sie alle – es sind über hundert Tierarten – bietet die Eiche ein weit verzweigtes, solides Haus, in dem sie leben können!

Birken

Eichen und Birken gehören zusammen, wie Erde und Licht zusammen gehören, und sie sind ebenso gegensätzlich wie diese. Die Birken sind die schnelleren! Als am Ende der letzten Eiszeit die Gletscher abschmolzen und es allmählich wieder wärmer und für Bäume erträglich wurde, wanderten die Birken zuerst wieder ein. Sie kamen aus den südlichen Gebieten Europas, in denen es auch während der Eiszeit so warm war, dass sie dort leben konnten. Sie kamen nicht zu Fuß, sondern sie flogen ein: Ihre nur millimetergroßen Samen tragen an den Seiten zwei durchsichtige Flügel wie ein kleines Insekt. Auf diesen gleiten sie, vom Wind emporgetragen, zu Millionen und Abermillionen durch die Lüfte. Selbst ohne Wind gleitet ein Same bis zu 1.600 Meter weit, mit Wind sogar viele Kilometer! Fast überall, wo die Samen nach der Eiszeit landeten, konnten sie gut keimen und wachsen, denn selbst ein magerer, sandiger oder steiniger Boden ist ihnen gut genug. Die neu gekeimten Birken trugen ebenfalls nach wenigen Jahren Samen, die sich verbreiteten, und so bedeckten die Birken als erste Neueinwanderer bald ganz Mitteleuropa.

Das junge Birkenstämmchen strebt zügig der Sonne entgegen, oft gerade und direkt, oft aber auch in einem leichten, eleganten Schwung; auch die Äste recken sich steil empor – gar nicht quer zur Seite wie die der Eichen. Dann sinken sie locker nach unten und hängen nun als lange, schlanke, frei pendelnde und schwingende Äste im Wind. Die Birke sieht damit wie ein Springbrunnen aus, der senkrecht emporschießt und dessen Wassertropfen dann ebenso steil wieder herabfallen und vom Wind anmutig wie ein Schleier bewegt werden. Die zierlichen Äste und Zweige der Birke schaffen keinen Eigenraum wie die Eiche; sie werden ebenso vom Licht durchflossen wie die sprühenden Wassertropfen des Springbrunnens. Hell und freundlich ist es im Birkenschatten, wo Gras und Blumen wachsen können. Und sprießen zu Ostern die ersten frisch-grünen Blättchen aus den Knospen, so färbt sich der Birkenschleier hellgrün

Lichtgrüner Fjellbirkenwald in Lappland.

und glänzt im Sonnenlicht vor dem weiß-blauen Frühlingshimmel wie die feinste grüne Seide.

Die Blättchen kringeln und winden sich zunächst in alle Richtungen, bis sie sich, teils hängend, teils emporgekrümmt, zur Sonne hin eingestellt haben. Spitz dreieckig, fast rautenartig ist ihre Form, und ihr Rand sieht mit zahlreichen feinen Zähnchen wie ein doppelt geschärftes Laubsägeblatt aus. Die jungen, glänzenden Blätter duften würzig und frisch – so stark, dass man Erfrischungsbonbons aus ihnen machen kann, aber auch Medikamente gegen Rheuma.

Im Herbst, wenn die Blätter mancher Bäume düster und braun werden, leuchten die fast durchsichtig gewordenen Blätter noch einmal in dem schönsten Gelb auf – die einheimischen Birken zart hellgelb, die amerikanischen Papierbirken golden-orange!

Gleich mit den ersten Blättchen krümmen sich auch die langen

Kätzchenblüten heraus, die den Winter über schon in der Knospe angelegt waren: Braun und gelb pendeln sie im Wind und verstäuben reichlich den gelben Blütenstaub – verschwenderisch reich; selbst Pfützen und Tümpel werden oft frühlingsgelb überhaucht.

Jeder kennt die weiße Rinde mit den schwarz-krustigen Flecken, die die Birke von allen anderen Pflanzen unterscheidet. Selbst wenn ihr Weiß im Laufe des Jahres unter grauem Staub oder grünlichen Algen matt werden sollte, so schwillt doch im Frühling der Birkenstamm von den aufsteigenden Zuckersäften im Inneren an: Die alte Rinde platzt in papierdünnen Streifen ab, und glänzend weiß und rein erscheint die neue Rinde!

Diese Birkenrinde ist etwas Besonderes: Mit ihren Luftkammern hält sie die Kälte vom Stamm ab; die Birke verträgt deshalb Temperaturen bis 40 Grad unter Null und kommt weit bis nach Sibirien hinein vor. Außerdem enthält die Birkenrinde ein weißes Pulver, das Wasser abweist. Die kanadischen Indianer stellten vieles aus Birkenrinde her, was wasserabweisend sein musste: Schuhe, Dachschindeln, Vorratsgefäße und vor allem ihre leichten Kanus. Eine weitere Eigenschaft des weißen Pulvers ist, dass es gut brennt, selbst wenn die Rinde nass geworden ist. Birkenrinde hilft also sehr, wenn man mit nassem Holz ein Lagerfeuer entfachen will! Das Birkenholz selbst ist nicht stark und kraftvoll. Doch verwendet man es gerne, um helle, schön glänzende Möbel zu bauen.

Die Birke ist ein Lichtbaum: Sie braucht viel Licht und sie lässt anderen viel Licht. Geschmückt mit bunten Bändern wurde sie als Mai- und Frühlingsbaum auf die Dorfplätze und in die Städte geholt.

Lässt sich ein Eichelhäher in einem Birkenwäldchen nieder und pflanzt in ihren lichten Schatten Eicheln, ist es dort hell genug, dass sich die jungen Eichen emporrecken können. Es entsteht ein Birken-Eichen-Wald aus den beiden gegensätzlichen und doch zusammengehörenden Bäumen. Nur wenn die Eichen zu kräftig und dick werden und zu dunklen Schatten werfen, beginnen die lichtbedürftigen Birken zu kümmern und schließlich zu verschwinden.

Auf reinem Sandboden, wo es den Eichen zu trocken ist, bleiben

Eine amerikanische Papierbirke mit goldgelbem Herbstlaub.

die flach an der Oberfläche wurzelnden Sandbirken allein, ebenso auf steinigen, von Trümmern überhäuften Plätzen oder in den Regenrinnen und Mauerritzen, in denen sie noch genügend Erde finden. Auch ins nasse Moor folgen ihnen die Eichen nicht nach. Dort saugen die Moorbirken solche gewaltigen Mengen Wasser aus dem Boden und verdunsten es mit ihren Blättern – über 100 Liter täglich –, dass man sie mancherorts sogar zum Entwässern zu feuchter Stellen anpflanzt! Sandbirke und Moorbirke sind beide einheimische Birkenarten. Es gibt auf der Welt über fünfzig verschiedene andere Birken, von denen die Himalayabirke wegen ihres besonders schönen weißen Stammes manchmal in Gärten gepflanzt wird.

Die meisten Bäume werden – wie die Eichen – umso markanter und eindrucksvoller, je älter sie werden. Die Birke jedoch ist jung am schönsten. Bei uns kann sie 90 bis 120 Jahre alt werden und eine Höhe von 25 Metern erreichen, sie bleibt aber meist kleiner. Vielleicht am schönsten und am «birkenmäßigsten» sind die Birken in den Fjellbirkenwäldern der schwedischen und norwegischen Gebirge: Hier bleiben die Birken jugendlich klein, nur drei bis fünf Meter hoch, lassen viel Licht zwischen sich hindurch für dicke, gelbe Trollblumenbüschel, Teppiche von weiß blühendem Schwedischem Hartriegel und violettem Storchschnabel; Blaukehlchen singen auf ihren Ästen. Und wenn im Winter ein Birkenstamm abbricht, so stehen schon die nächsten Stämme bereit, sodass keine Lücke entsteht. Der Fjellbirkenwald ist wie ohne Alter – und so ohne Alter ist die Birke auch!

Buschwindröschen

Wenn in den frühesten Frühlingstagen im Garten schon die Schneeglöckchen blühen und die ersten Narzissen ihre orange-gelben Trompetenblüten herausstrecken, ist es im Wald noch immer winterlich kahl: Trockenes, braunes Laub raschelt noch überall, nicht das kleinste grüne Blatt will sich zeigen. Doch eines Tages bricht ein ganzer, großer Teppich von kleinen grünen Blättchen zwischen dem alten Laub aus dem lockeren schwarzen Waldboden heraus. Gekrümmt, wie mit dem Nacken voran, schieben sie sich zwischen Erdbrocken und Mulm hindurch und entfalten sich dann zu einem Dreiergespann von fein gesägten Blättchen, die alle drei nebeneinander stehend einen schönen grünen Dreistern formen. Genau in der Mitte schlummert noch die Blütenknospe. Noch ist sie klein und unauffällig, doch bald erstrahlt sie zu einem zwei bis drei Zentimeter großen, blendend weißen Sechs-, Sieben- oder Achtstern, der sich sehnsuchtsvoll der noch niedrig stehenden Sonne zuwendet und in seiner Mitte ein Büschel gelber Staubblätter aufspreizt.

Selten steht ein Buschwindröschen allein da, meist ist es ein dichter grüner Teppich – manchmal nur so klein wie ein mohammedanischer Gebetsteppich –, aus dem, dicht an dicht, die weißen Sternblüten

Die weißen Blütensterne der Buschwindröschen.

leuchten und sich den Tag über mit der Sonne mitdrehen. Im oft noch kalten Frühlingswind zittern sie, als schlotterten sie vor Kälte, bleiben aber tapfer geöffnet, solange die Sonne scheint. Geht sie unter oder prasselt ein plötzlicher Frühlingsschauer hernieder, schließen sich die Blüten schnell und hängen nun kopfüber von ihren aufrechten Blütenstielen hinab, bis die Sonne sie wieder hervorlockt. Jetzt sieht man, dass ihre Blüten außen oft zartrosa überhaucht oder manchmal kräftig rosa übergossen sind. Meist tragen alle Blüten eines Buschwindröschentrupps das gleiche Rosa und die des benachbarten ein etwas anderes. Wie kommt das? Haben sie sich etwas abgeschaut?

Das Rätsel löst sich erst, wenn man ganz vorsichtig die Erde rings um die Buschwindröschen entfernt: Dann sieht man, dass die kleinen Pflanzen mit ihren drei Blättern und der einen Blüte gar nicht einzeln stehen, sondern durch einen bleistiftminendicken, flach liegenden

Stängel miteinander verbunden sind. Dieser Stängel ist der eigentliche Pflanzenspross, der aber nicht aufrecht steht, sondern eben in der Erde liegt; die vermeintlichen Buschwindröschenpflänzchen sind nur die Blätter und Blüten an diesem Spross. Ein ganzer Trupp ist also nur *eine* Pflanze. Deshalb sind alle Blüten eines Trupps gleich gefärbt und die des benachbarten anders. Das Buschwindröschen ist also das Gegenteil eines Baumes, wo der Stamm die Blätter weit über die Erde hinausgehoben hat. Hier ist der Spross der Pflanze in die Erde hineingesenkt.

Es muss lockere, humusreiche Erde sein, in der der Stängel wächst, denn er ist zart und kann sich nicht mit Gewalt gegen festen, harten Boden ausbreiten. Mindestens hundert Jahre muss ein Wald alt sein, hundertmal müssen seine im Herbst abgefallenen Blätter zu wohlriechendem, schwarzem Humus zersetzt worden sein, damit sich das Buschwindröschen wohl fühlt. Deswegen ist es in den Wäldern so selten geworden. Wo es sich aber wohl fühlt, da überzieht es in weiten Teppichen den Boden ganzer Buchenwälder. Fröhlich und zuversichtlich wird es einem ums Herz, wenn man einen solchen Sternenblütenwald im Sonnenschein sieht, zuversichtlich auch, dass der zarte Frühling sich gegen den harten Winter durchsetzt – auch wenn die Buschwindröschen noch etwas zittern.

Hahnenfuß

Noch schimmern die weißen, voll erblühten Buschwindröschen im Frühlingswald, da glänzen zwischen ihnen bereits die nächsten Blüten hindurch: kleine, satt-gelbe Fünfsterne, etwas gerundet, mit goldgelbem Zentrum – der Gold-Hahnenfuß. Dort, wo sich kurz vorher noch das Schmelzwasser des Winterschnees gesammelt hat und der Boden noch feucht und dunkel ist, sprießt er jetzt her-

Goldhahnenfuß mit ganz verschieden geformten Blättern.

vor: etwa doppelt so hoch wie das Buschwindröschen, aber mit aufrechtem, oberirdischem Stängel – nicht unterirdisch wie dort –, an dessen Ende mehrere gelbe Blüten glänzen. Der Stängel ist von zahlreichen Blättern umgeben. Doch welche Form haben sie? Diejenigen, die unten am feuchten Waldboden sitzen, sind lang gestielt und dehnen ihre Fläche breit und rund aus; nur wenige Kerben grenzen ihren Rand ein. Die nächstfolgenden Blätter werden schon tiefer eingekerbt; die noch höher sitzenden erinnern schon an den Fußabdruck eines kräftigen Hahns – woher auch der Name «Hahnenfuß» kommt. Noch weiter oben wird der Blattstiel immer kürzer, die Blattfläche zieht sich immer schmaler und spitzer zusammen, sodass die obersten Blätter nur noch aus einer oder drei schmalen Spitzen bestehen.

Das ist eine lange und tiefgreifende Wandlung der Blätter; jedes sieht etwas anders aus, je nachdem, ob es unten am feuchten Waldboden sitzt, im mittleren Teil des Stängels oder ganz oben. Darüber gibt es keine Blätter mehr und statt ihrer erscheinen die Blüten. Doch oft erscheint nach dieser langen Verwandlung ganz unten am Gold-Hahnenfuß noch einmal ein lang gestieltes, rundes Blatt. Nanu – beginnt denn alles von vorne? Ja, aber nicht für dieses Jahr, sondern für das nächste, denn die Pflanze des nächsten Jahres streckt schon einmal im Voraus ein Blatt heraus, das aber bald im Sommer unter dem dunklen Laubdach des Waldes wieder welken wird – ebenso wie alle anderen Hahnenfußblätter und ebenso wie die Buschwindröschenblätter und die aller anderen Frühjahrsblüher. Bis zum nächsten Frühling werden diese unter der Erde ruhen.

Und so ist die Hahnenfußblüte aufgebaut (ganz wie eine typische Blüte): Unten verstecken sich fünf kleine, gewölbte Kelchblätter, die die Blüte während der Knospenzeit schützend umhüllt hatten und nun nach unten zurückgeschlagen kaum sichtbar sind. Jeweils in der Lücke zwischen zwei Kelchblättern stehen die weithin sichtbaren, gelben Blütenblätter wie eine Krone zusammen: die Kronblätter. In der Mitte der Blüte drängen sich zahlreiche Staubblätter, in deren Staubbeuteln der Blütenstaub heranreift. Ist er reif, platzen die Staubbeutel auf und der Blütenstaub quillt heraus. Besucht eine Biene die Blüte auf der Suche nach süßem Nektar, bleibt der Blütenstaub an ihrem Haarpelz hängen und wird von ihr mit in den Bienenstock genommen. Einen Teil davon verfüttern die Bienen an die Jungbienen im Bienenstock, ein anderer Teil aber landet beim Besuch der nächsten Hahnenfußblüte auf den Narben der Fruchtblätter. Die zahlreichen Fruchtblätter, die sich zusammen mit den Staubblättern in der Mitte der Blüte drängen, werden durch diesen Blütenstaub befruchtet und reifen daraufhin zu kleinen Früchtchen mit Samen aus, während die übrige Blüte verwelkt.

Ein anderer wohlbekannter Hahnenfuß ist der *Scharfe Hahnenfuß*. Er wächst nicht im feuchten Wald, sondern auf hellen, sonnigen Wiesen und wird wegen des satten Fettglanzes seiner gelben Blüten auch Butterblume genannt. Seine Blätter beginnen nicht mit runden Formen, sondern gleich mit der typischen Hahnenfußform, die dann

Sumpfdotterblumen in satt glänzendem Goldgelb.

nach oben hin immer spitzer wird. Der Scharfe Hahnenfuß ist bei den Bauern gar nicht beliebt, da er für Mensch und Vieh giftig ist. Er enthält mehrere Giftstoffe, die im Menschen wachmachend wirken, sodass man überwach wird, nicht schlafen kann und außerdem Verdauungsstörungen bekommt. Dem Vieh geht es ebenso. Glücklicherweise verschwindet das Gift aus den Blättern, wenn die Wiese gemäht wird und das Gras mit dem Hahnenfuß zu Heu trocknet; sonst dürften es die Tiere nicht fressen!

Die *Sumpfdotterblume*, die auch zur Familie der Hahnenfußgewächse gehört, wächst an nassen oder sumpfigen Stellen, besonders gerne am Rand von Bächen oder Gräben. Ihre Blätter sind so lang gestielt und rund wie die untersten des Gold-Hahnenfußes. Doch anders als bei diesem bleiben auch ihre Folgeblätter rund; zwar werden sie kurzstieliger und kleiner, bekommen aber keine Hahnenfußform. Den Stängeln der Sumpfdotterblume fehlt die Kraft, der Sonne direkt entgegenzuwachsen, sie fallen leicht um und wachsen schwerfällig in die Breite. Ihre Blüten sehen den Hahnenfußblüten ähnlich, sind aber von prächtigem Dottergelb – woher auch ihr Name kommt – und dreimal so breit.

Die kleinen Früchtchen werden vom Regen aus der Blüte gespült. Sie können schwimmen und werden so bachabwärts mitgenommen. Oft heften sie sich auch mit ihrem kleinen «Schnabel» an das Gefieder von Enten oder Gänsen. Fliegen diese von einem Bach zum nächsten, kommen die Früchtchen der Sumpfdotterblume als «blinde Passagiere» mit. So erhebt sich die schwerfällige Sumpfdotterblume doch noch in die Luft.

Die Mistel

Alle Pflanzen wenden sich mit ihren grünen Blättern der Sonne zu, denn ihr verdanken sie das Licht und die Kraft zu leben. Und alle Pflanzen wenden sich mit ihren bleichen Wurzeln der dunklen Erde zu, denn sie werden von der Erde getragen und verdanken ihr das Wasser und die Nährsalze, die sie zum Leben brauchen.

Alle Pflanzen? Einige wenige Pflanzen scheinen ganz anders zu leben: Die Misteln beispielsweise gedeihen hoch oben in den Baumkronen von Eichen, Pappeln, Kiefern oder Apfelbäumen und berühren niemals die Erde. Aus den Ästen dieser Bäume sprießen die grünen Mistelzweige und -blätter hervor. Gibt es keine Wurzeln? Auf den ersten Blick sind keine zu sehen – aber das ist ja bei fast allen Wurzeln so. Würde man vorsichtig das Holz der Äste aufschnitzen, so fände man tatsächlich darinnen die grünen Wurzeln der Mistelsträucher. Die reichen nun allerdings nicht bis in die Tiefe der Erde, sondern saugen Wasser und Nährstoffe aus dem Holz des Baumes; der Baum wiederum bekommt sie natürlich über seine Wurzeln aus dem Boden.

Für die Mistel ist das Baumholz also wie die Erde, die nur einige Meter höher hinaufgestapelt wurde. Ja, man könnte sogar sagen, nicht nur für die Mistel ist das Holz aufgetürmte Erde, sondern auch für die grünen Blätter und Blüten der Eiche oder des Apfelbaumes, von denen ungeheuer viele – wie einzelne Pflänzchen – auf den holzigen Ästen oder Zweigen sitzen. Die Eichen- oder Apfelbaumpflänzchen haben das Holz, auf dem sie sitzen, selbst geschaffen und sind mit ihm hinaufgewachsen. Hat es die Mistel genauso angestellt? Ganz und gar nicht: Niemals hat sie den Erdboden berührt. Vielmehr wird sie von einem Vogel durch die Lüfte herübergetragen. Der Vogel – vielleicht eine Misteldrossel oder eine Mönchsgrasmücke – hat von den weißen, saftigen Mistelbeeren gefressen. Der klebrige Mistelsame bleibt ihm dabei am Schnabel haften, wird auf dem nächsten Baum vom Schnabel an einem Zweig abgewischt und – bleibt dort wiederum kleben. Oder die Misteldrossel hat die Beere mitsamt dem Samen gefressen. Schon bald scheidet sie den unverdauten und noch immer klebrigen Samen wieder aus, sodass dieser – mit etwas Glück – an einem Ast kleben bleibt, ohne herunterzufallen.

Aus dem Samen keimt bald die erste Wurzel, die jedoch nicht in die Tiefe der Erde wächst, sondern ihre Spitze dem Zweig oder Ast zuwendet, an dem der Same klebt, und sich in das Holz hineinsenkt. Erst dann sprießt ein kurzer, grüner Stängel mit zwei einfachen, ovalen Blättern heraus. Mehr geschieht nicht. Erst im nächsten Jahr treiben anstelle der zwei Blätter zwei neue kurze Stängel mit wiederum je zwei neuen Blättern – wieder ganz einfache, ovale Blätter, die auf der Ober- und Unterseite gleich aussehen. So kommen jedes Jahr zwei neue Stängel und zwei neue Blätter hinzu – ganz regelmäßig. So langsam wächst die Mistel! Stängel und Blätter wenden sich jedoch nicht der Sonne zu, stattdessen erstrecken sie sich in alle Richtungen, als gäbe es kein Oben und Unten, kein Rechts und Links, kein Vorne und Hinten. So wächst die Mistel gleichmäßig zu einem runden

Die Kugelform der Mistel kennt kein Oben und Unten.

Kugelbusch. Im Sommer ist sie meist unsichtbar, weil die Blätter des Wirtsbaumes sie verdecken, im Winter aber scheint sie als grüngelbe Sonnen- oder Mondenscheibe im Baumwipfel zu hängen. Denn die Mistel wirft im Herbst ihre Blätter nicht ab, sondern lässt sie nur etwas gelber werden. Ja, sie blüht sogar mitten im Winter: Sie bildet je drei winzige grüne Blütchen, die sich kaum vom Stängel zwischen zwei Blättern erheben – kaum zu erkennen, als wären sie noch nicht ganz fertig geworden. Manche Misteln tragen nur mit Staubblättern zusammengewachsene Kronblätter, als wären sie noch gar nicht voneinander getrennt; die anderen tragen nur Fruchtblätter. Ein ganzes Jahr lang dauert es, bis im nächsten Winter zu Weihnachten die weißen Beeren reif sind: Die Mistel lebt nicht nur anders als alle anderen Pflanzen zwischen Himmel und Erde, sondern auch anders in den Jahreszeiten!

Zu Weihnachten werden die Mistelzweige oft abgeschnitten und als Glücksbringer im Wohnzimmer aufgehängt. Das hat eine lange

Tradition: Den Kelten, die seit viertausend Jahren im heutigen Frankreich und später auch im heutigen England lebten, waren die Misteln, die nie den Boden berühren und wie Sonne oder Mond über der Erde scheinen, heilig – besonders die seltenen Eichenmisteln. Zu bestimmten Festeszeiten schnitten die keltischen Medizinkundigen, die Druiden, in den heiligen Eichenhainen die Misteln, und zwar so, dass diese dabei nicht den Boden berührten, sondern in weißen Tüchern aufgefangen wurden. Auch die Druiden waren in weiße Gewänder gekleidet. Zum Schneiden der Misteln benutzten sie (das ist nicht erfunden!) Sicheln aus Gold, um nicht mit einem irdischen Metall, wie dem Eisen, die Mistel zu berühren, sondern nur mit dem sonnenhaften Gold. Die Heiltränke, die sie aus den Misteln bereiteten, wurden gegen alle Krankheiten eingesetzt. (Nur unbesiegbar stark wurde man natürlich nicht davon!) Heute werden Misteln von verschiedenen Baumarten gesammelt oder kultiviert, geerntet und als Heilmittel vor allem gegen Krebs verwendet.

Weder ganz der Sonne zugewendet noch der Erde; in der kalten Jahreszeit grünend, blühend und fruchtend: die Mistel ist auf der Erde und in ihrer Zeit nicht so wie alle anderen Pflanzen angekommen. Am ehesten erinnert sie damit an die Algen des Meeres (die wir noch kennen lernen werden). Vielleicht hilft sie uns deswegen gegen die schwersten Krankheiten!

Im Mittelmeergebiet

Der Ölbaum

Wer im Schatten eines Ölbaumes sitzt, der sitzt im Frieden. Über ihm streben die kräftigen, aber schlanken Äste in den blauen Himmel. Die schmalen Blätter rauschen und knistern im Wind und flirren und blitzen bei jeder Bewegung, denn nur oberseits sind sie grün, blaugrün sogar – oder eben *oliv*grün; unterseits aber sind sie silbern behaart, sodass sie im Sonnenlicht aufglänzen. So sitzt man im Ölbaumschatten gar nicht in einer tiefdunklen Höhle, wie im schwarzen Schatten eines Kastanienbaumes. Nein, es ist ein heller, freudig durchlichteter Schatten, und man schaut zwischen den Blättern hindurch auf die anderen Ölbäume, denn selten steht ein Ölbaum allein.

Mit dem Rücken lehnt man an dem festen, harten Stamm mit seiner tief rissigen Rinde wie an einem verwitterten Felsblock. Es ist, als wäre die felsige, steinige, karge Erde, in der der Ölbaum wächst, selber aufgetürmt und aufgehäuft worden, um den Ölbaumstamm zu bilden. Und so ist es ja auch. Der Stamm ist eigentlich die aufgetürmte Erde, auf der die kleinen Ölbaumpflänzchen wachsen.

Aber die Risse in dieser Rinde sehen nicht nur felsig aus, sie sehen auch aus wie ein vertrocknetes Flussbett im Fels, das vom Wasser ausgewaschen wurde, nun aber ohne Wasser trocken daliegt. So wie das Flussbett im Fels vom Wasser, so wurde ja auch die harte Rinde von der weichen, grünen, von Säften durchzogenen Schicht gebildet, die unter der Rinde liegt: Das Harte wurde von dem Weichen gebildet, das wie tot Aussehende von dem Lebendigen, das Felsige von dem Saftigen. Wirbel und Wellen kann man in der harten Rinde entdecken, wenn man sie nur gut genug anschaut. Und auch der ganze Stamm macht oft Verknorzungen und Auswüchse, als hätte ein großer Stein im Wasser gelegen, um den er herumwachsen musste.

Karg und trocken ist der Boden, in dem der Ölbaum wächst, oft felsig, mit roter, verdorrter Erde. Mit großer Zähigkeit senkt der Ölbaum seine Wurzeln tief in die Erde, in die Klüfte, zwischen den Felsen hindurch, um auch im heißesten und trockensten Sommer noch etwas Wasser aufsaugen zu können. Denn sonst müsste er verdorren!

Zäh und ausdauernd wächst er auch nach oben und deshalb natürlich langsam, sehr langsam. Meist wird er nicht höher als acht Meter. Aber mit all seiner Ausdauer kann er alt werden. Auch wenn der Baum kaum noch höher wächst, so wird sein Stamm doch knorrig und dick und immer dicker, bis ihn drei Männer nicht mehr umspannen können. Schließlich wird der Stamm im Inneren morsch. Der weiche Mulm bröckelt heraus, und der Stamm wird hohl, sodass man bequem in ihn hineinklettern und tief in ihm drinnen sitzen kann.

Manchmal verwittert das Holz so sehr, dass es keinen ganzen Stamm mehr bildet, sondern nur noch mehrere Stammteile, die gar nicht mehr zusammenhängen, und manchmal bricht er auch ganz auseinander. Aber trotz seines hohen Alters strotzt der Ölbaum dann immer noch von jugendlicher Kraft, denn jedes der Stammbruchstücke kann wieder austreiben und neue schlanke Äste und Zweige mit frischen, grünen, schlanken Blättern und einen ganzen, neuen Ölbaum bilden. Und so bleibt der Ölbaum immer jung, auch wenn er noch so alt wird! Viele hundert Jahre kann er alt werden. Es gibt sogar tausendjährige Ölbäume. Und wer weiß, vielleicht war einer von den uralten Ölbäumen, die heute noch im Garten Gethsemane in Jerusalem stehen, schon als kleiner Ölbaumschössling dabei, als Jesus dort seine letzte Nacht verbrachte?

Ein ganz besonderes Holz bringt der Ölbaum durch dieses langsame, gründliche Wachstum hervor: Es ist ganz verschiedenfarbig,

Aus dem uralten Holz des Ölbaums sprießt ein frischer, junger Zweig.

mal wie heller Lindenhonig, mal wie dunkler, warmer Waldhonig, und ganz reich ist es mit wechselnden Maserungen durchzogen. Hart ist es und sehr fest – so langsam, wie es gewachsen ist. Weil es eine so schöne und abwechslungsreiche Farbe hat, nimmt man es gerne für Salatbestecke, Schöpflöffel, Knöpfe, Schnitzereien usw. Nur lange und gerade Bretter kann man natürlich nicht aus einem solch verknorzt wachsenden Stamm schreinern.

Die eleganten, schlanken und glatten Blätter liegen oft eng am Zweig an, sodass auch der ganze beblätterte Zweig gertenschlank bleibt. Trotz ihrer schlanken Gestalt sind die Blätter kräftig und robust, sodass sie auch im Winter am Baum bleiben können. Die kleinen, grünen Blüten aber, die der Ölbaum in den Achseln der Blätter bildet, sind nur zu sehen, wenn man ganz genau hinschaut: Sie sind nicht nur winzig klein – nur wenige Millimeter groß –, auch wegen ihre Farbe sind sie kaum zu sehen: silber-grün wie die Blätter. Kein Schmetterling und keine Biene könnte so gut versteckte Blüten finden. Doch zum Glück nimmt der Wind, der durch die Zweige rauscht, ihren Blütenstaub mit und trägt ihn zu anderen Ölbaumblüten.

Der Ölbaum wächst nur in den warmen Ländern, die rings um das Mittelmeer liegen: besonders in Spanien, Italien, Griechenland und Israel, aber auch in Ägypten, Tunesien und Marokko. In Ländern, in denen es im Winter Frost gibt, wie bei uns, wäre es ihm viel zu kalt. Dort müsste er erfrieren und sterben!

Wer zu Ostern in einen gut gepflegten Ölbaumgarten kommt, glaubt fast, er sei im Paradies: nicht nur der schönen Ölbäume wegen, sondern auch wegen der bunten Teppiche, die unter ihnen ausgebreitet sind. Denn auch wenn ein Ölbaumgarten sehr groß sein kann, so stehen doch immer nur wenige Ölbaume gemeinsam eingefasst von einem Mäuerchen oder von Kalksteinfelsen. Und unter ihnen liegen nun die verschiedenfarbigsten Teppiche; an manchen Stellen ist Weizen ausgesät, der nun frischgrün sprießt, an anderen Stellen blühen knallroter Klatschmohn, goldgelbe Margeriten, die weißen Sternblüten des Milchsterns oder kleine, blaue Traubenhyazinthen zwischen dem Grün. In kleinen Nischen, die in den weißen Kalkfelsen ausgewaschen sind, blühen kleine Orchideen oder sogar wilde Alpenveilchen, die jeder vom Blumenfenster kennt. Pinkrosa glühen ihre aufwärts gedrehten Blüten zwischen den Felsen hervor. Manchmal huscht eine smaragdgrüne Eidechse mit hellblau glänzender Kehle hindurch. Oder ein einsamer Esel zupft sich hier und da etwas Grün. Es herrscht wirklich Frieden unter den Ölbäumen!

Im Sommer aber wird es heiß, unglaublich heiß! Alle kleinen Blumen haben schon vorher ihre Samen fertig ausgereift und sind jetzt verdorrt. Nur die rotbraune, vertrocknete Erde ist zu sehen. Oft ist es so heiß, dass den Menschen die Hitze schon zu groß ist. Die Ölbäume aber lieben sie: Denn in der Hitze lassen sie ihre Früchte und Samen reifen wie in einem Backofen. Die Früchte und Samen aller Pflanzen brauchen etwas Wärme, um auszureifen. Diejenigen aber, die Öl in ihren Samen bilden, brauchen viel Wärme, die Sonnenblumen etwa oder die Disteln. Der Ölbaum nun bildet sehr viel Öl in seinen Samen, und er bildet sogar Öl in seinen Früchten – ganz wenige Pflanzen auf der Welt können das! Den ganzen heißen Sommer hindurch und den ganzen Herbst brauchen die Oliven, um reif zu werden und das berühmte, feine Olivenöl in sich gar werden zu lassen.

Erst im November, wenn es kühler geworden ist, können sie geerntet werden. Die Oliven, die als Ganze gegessen werden sollen, werden von Hand gepflückt, denn sie sind sehr empfindlich! Die grünen Oliven erhält man, wenn man sie noch etwas unreif, die schwarzen hingegen, wenn man sie ganz reif erntet. Für die Oliven aber, aus denen Öl gepresst werden soll, werden große Tücher oder Netze mit feinen Maschen unter den Ölbäumen auf der Erde ausgebreitet. Dann nehmen die Olivenbauern kräftige, feste Stöcke aus dem rotbraunen Esskastanienholz und schlagen gegen die Ölbaumzweige, sodass die Oliven in alle Richtungen nur so davonspritzen und in den Tüchern landen. «Tock, tock, to-tock» tönt es hölzern viele Tage lang in den Ölgärten. Was neben die Tücher gefallen ist, sammeln die Frauen geschickt ein. Eine harte und anstrengende Arbeit ist das für alle! Und am Ende jeden Tages müssen die Oliven zur Ölmühle gebracht werden. Denn ließe man sie auch nur eine

Nacht stehen, würden sie anfangen zu faulen wie Falläpfel, die zu lange liegen bleiben.

In der Ölmühle werden sie von großen Mahlsteinen zerquetscht, sodass das beste und reinste goldgrüne Olivenöl aus ihnen herausrinnt. Danach werden sie ein zweites Mal gepresst, was noch einmal sehr gutes Öl ergibt. Vor dem dritten, vierten und fünften Pressen werden sie jedes Mal etwas erwärmt, was immer noch einmal etwas mehr Öl ausfließen lässt. Dieses Öl ist dann kein Speiseöl mehr. Es wird mit gutem Duft und Aroma gemischt und als Kosmetiköl verwendet. Früher wurde es auch als Lampenöl für die kleinen Öllämpchen verwendet, da es das einzige Öl ist, das auch, wenn es lange steht, nicht ranzig oder fest wird. Und schon immer kocht man Seife aus ihm. Selbst der Olivenrest, der nach der letzten Pressung noch übrig bleibt – Presskuchen nennt man ihn –, wird nicht weggeworfen, sondern an die Schweine verfüttert.

Das Öl aus der ersten Pressung ist ein wunderbar heller, goldfarbener Saft. Wo Olivenöl in der Küche verwendet wird, schmeckt das Essen besonders lecker, denn es gibt allen Speisen und besonders den Salaten einen eigenen, würzigen Geschmack. Reibt man sich mit Olivenöl ein, so hüllt man sich in eine feine Wärmeschicht, die die Haut umgibt und schützt. Dann spürt man die Hitze, die der Ölbaum den Sommer über aufgenommen hat. So tut das Öl dem ganzen Mensch gut, vom Kopf bis zu den Füßen. Da verwundert es nicht, wenn es früher als heilig galt und in den Tempeln Griechenlands und Israels in den heiligen Öllämpchen brannte und für die Spezereien verwendet wurde.

Als Noah nach der Sintflut, als ringsum nur Wasser zu sehen war, die Arche öffnete und die Taube ausfliegen ließ, um zu erkunden, ob es schon irgendwo Land gab, da war er erst zufrieden, als sie mit einem Ölbaumzweig im Schnabel zurückkehrte. Denn jetzt wusste er, dass die Sintflut vorbei war und Frieden einkehren würde!

In noch älteren Zeiten stritten einmal die Götter Griechenlands darum, wer Schutzgott von Attika werden solle: Poseidon, der gewaltige Gott aller Meere, oder die jungfräuliche Pallas Athene, die Göttin der

Klugheit. Poseidon warf zum Zeichen seiner Macht seinen Dreizack auf das Land, wo sofort eine salzhaltige Quelle, ein «kleines Meer», hervorsprudelte. Pallas Athene aber pflanzte den Bewohnern Attikas den ersten Ölbaum. Da wählten die Bewohner Attikas Pallas Athene zur Schutzgöttin und nannten ihre Hauptstadt fortan nach ihr: Athen. Und so heißt sie bis heute. Auch ein Ölbaum wächst heute noch dort oben auf der Akropolis neben Athenas Tempel. Als Athen einmal erobert wurde, brannten die Eroberer den Ölbaum nieder. Aber schon im nächsten Jahr trieb er neue grüne Schösslinge und wuchs erneut zu einem stattlichen Baum heran.

Athene, die Göttin der Klugheit, muss wirklich klug gewesen sein, als sie den ersten Ölbaum schuf. Denn wer heute einen Ölbaumsamen pflanzen will, wird enttäuscht sein: Kein Ölbaumsamen keimt heute aus. Das liegt nicht nur am Salzwasser, in das die Oliven eingelegt sind, wenn sie verkauft werden. Nein, auch ein Kern einer frischen Olive vom Baum kann nicht keimen! Warum? Erst muss ihn ein Huhn fressen, und im Hühnerdarm wird er so weit zubereitet, dass er, wenn er wieder herauskommt, keimen kann. Wo ihn wohl das Huhn hinlegt? Ob es sich auch so klug benimmt wie Athene?

Der Mandelbaum

Im März, kurz vor Ostern, kann es in Griechenland noch sehr kalt sein. Ein eisiger Wind, der Bora, fegt vom blauen Himmel herab und saust durch die fröstelnd eingerollten Ölbaumblätter. Man glaubt vielleicht, der Winter wolle in diesem Jahr gar nicht mehr aufhören. Aber da: Neben den frierenden Ölbäumen steht ein kleiner Baum, fast noch ein Strauch, noch blattlos, aber über und über mit weiß-rosa Sternblüten übersät, die seine kahlen Zweige wie eine rosa Frühlingswolke einhüllen. Das ist mehr als ein großes Versprechen, dass es bald

Es ist noch sehr kalt, wenn die ersten Mandelblüten sich öffnen: wilde Mandeln in Israel.

Frühling werden wird, das ist selbst schon ein Stück Frühling, das schneller als alle anderen ist.

Der Mandelbaum, denn das ist der Frühlingsträumer, hat bis zu vier Zentimeter große Blüten, die ganz ähnlich aussehen wie Apfelbaumblüten – beide gehören ja zu den Rosengewächsen. Sie sind aber von einem anderen, einem kühleren Rosa, das besser zu dem kühlen März passt. Im Inneren der Blüte stehen die dunkel-karminrosa Staubblätter. Wenn die Blüten nach zwei Wochen verblüht sind, fallen sie noch frisch und zart-rosa auf den Boden, wo es oft so viele sind, dass sie die dunkelbraune Erde ganz bedecken und man sie mit beiden Händen aufheben und noch einmal als rosa Sterne in den blauen Himmel werfen kann.

Erst jetzt schiebt der Mandelbaum seine schmalen, am Rand fein gezähnelten Blätter heraus, größer, doch viel dünner und zarter als die robusten Ölbaumblätter. Auch sind sie viel heller grün als diese, sodass man die Mandelbäume in einem Ölgarten schon von weitem erkennt. Solche zarten Blätter können den Winter über nicht am Baum bleiben, sie würden erfrieren. Deshalb fallen sie im Herbst ab, und im Frühling sprießen neue. So kann der Mandelbaum etwas mehr Kälte vertragen als der Ölbaum, also in etwas höher gelegenen Tälern wachsen – manchmal, wenn man ihn sehr gut schützt und ihn im Winter einpackt, sogar im kühlen Norddeutschland.

Sind die rosa Mandelblüten im März bestäubt worden – den Bienen ist es zu dieser Zeit manchmal noch zu kalt, aber den dick bepelzten Hummeln macht die Kälte weniger aus –, dann können sie den heißen Sommer über zu Früchten reifen. Doch was sind das für Früchte? Außen sind sie samtartig bepelzt, wie ein süßer, saftiger, noch grüner Pfirsich. Aber dieser Pelz platzt ab, und man sieht ihr Fruchtfleisch, das völlig vertrocknet, ja so trocken und fest ist, dass es steinhart geworden ist, trotz der vielen luftgefüllten Höhlungen darinnen. Man kann es nicht einmal durchbeißen, nein, man braucht schon einen Hammer oder einen Nussknacker, um dieses harte Fruchtfleisch mit einem heftigen Krachen aufzubrechen! Und deswegen heißen die Mandeln ja auch Krachmandeln.

Es scheint, als habe die glühende Sommersonne die Früchte hier etwas zu stark beschienen, dass sie so stark eingetrocknet sind. Wilde Mandelbäume kommen auch noch heute in sehr heißen Gebieten vor, etwa am Rande von Wüsten, am Rande der Negevwüste in Israel beispielsweise, wo vielleicht auch die ersten Mandeln kultiviert wurden.

Heute werden Mandeln in fast allen Ländern rund um das Mittelmeer angebaut, vor allem in Italien und Spanien, aber auch in Kalifornien, in Südafrika oder im Iran, wo das Klima dem Mittelmeerklima ähnlich ist, mit heißen Sommern und kühlen, regenreichen Wintern. Die Mandelbäume mögen heiße Temperaturen, aber sie brauchen auch Wasser. In Italien bekommen sie genug, am Rande von Wüsten ist es ihnen aber zu trocken. Doch schon in biblischen Zeiten, zur Zeit des

Königs Salomo, wusste man sich zu helfen: Man pflanzte die Mandelbäume auf den Talboden von Wüstentälern und baute dort niedrige, aber stabile Mäuerchen quer zum Tal. Wenn jetzt einer der seltenen, aber sehr heftigen Gewitterregen über die Berghänge prasselte, schoss und rauschte das Wasser durch das Tal, konnte jedoch wegen der Mäuerchen nicht so schnell verschwinden, wie es gekommen war, sondern versickerte langsam im Boden. Und dieses versickerte Wasser sogen die Mandelbaumwurzeln nun langsam, das ganze Jahr über herauf und konnten damit gut leben. Ein israelischer Botaniker, Michael Evenari, hat diese alten «Sturzwasserfarmen» wieder aufgebaut. Sie funktionieren heute noch immer wie früher!

Nun aber zum Inneren dieser krachharten Mandelfrucht – da sieht es ganz anders aus: Der Mandelkern liegt in einer feinen, glattwandigen Kammer. Und diesen Mandelkern, den Samen, aus dem ein neuer Mandelbaum wachsen kann, den kennt ja jeder sehr gut: Das ist die Mandel mit ihrer etwas rauen, braunen Schale, dem weißen Inneren und der typischen Mandelform mit dem runden und dem spitzeren Ende, die ein wenig wie die Augenform von Japanerinnen aussieht. Ob mit oder ohne die braune Schale: die Mandel ist in jedem Falle köstlich zu essen, besonders wenn man sie gerade frisch geknackt hat. Und was kann man nicht alles aus ihr machen: Mandelmakronen, Zimtsterne oder mit etwas Honig und ein paar Tropfen Rosenwasser das köstlichste Marzipan. Die Marzipanbäcker kennen freilich noch ein paar geheime Zutaten, die sie niemandem verraten, aber der Hauptanteil des Marzipans sind doch die fein gemahlenen Mandeln.

Erfunden wurde das Marzipan in Arabien, später im Mittelalter aber noch einmal in Lübeck, als im Jahre 1407 die Stadt belagert wurde. Diese Belagerung dauerte so lange, dass das Getreide für das Brot ausging und wegen der Belagerung kein neues herangefahren werden konnte. Da drohte eine Hungersnot auszubrechen. Doch ein findiger Bäcker nahm statt des Getreides Mandeln und schuf daraus das erste Marzipanbrot.

Die Mandel besteht zur Hälfte aus fein verteiltem Öl, kostbarem, in der Sonne gereiftem Mandelöl. Man fügt ihm feine Duftstoffe hinzu und benutzt es als sanftes, sehr edles Gesichts- und Körperöl und kann dann wie beim Olivenöl die Wärmehülle um sich herum spüren.

Manchen Mandelbäumen allerdings geschieht es, dass das Öl in ihren Mandeln bitter wird, als habe es die Sonne zu sehr gekocht. Das ist dann Bittermandelöl. Es schmeckt ganz scheußlich, wenn man auf solch eine Bittermandel beißt, die man von außen nicht erkennen kann. Und es ist sehr giftig! Sieben solcher bitteren Mandeln würden einen Menschen töten! Trotzdem nimmt man, um Kuchen zu backen, gerne eine oder zwei der bitteren zu den süßen Mandeln hinzu, denn sie würzen den Kuchen. Das Blausäuregift verfliegt dann beim Backen. Damit aber kein Unglück passiert, wenn jemand den Kuchenteig roh isst, dürfen immer nur Päckchen von fünf Bittermandeln auf einmal verkauft werden.

Der saftige Pfirsich und die weiche Aprikose sind übrigens mit der Krachmandel ganz nah verwandt. Nur ist bei ihnen das Fruchtfleisch saftiger geblieben, wofür sie auch mehr Wasser brauchen. Wenn man ihren harten Kern mit einem Nussknacker öffnet, findet man darin ebenfalls einen leckeren Samen, wie in der Mandelfrucht. Aus ihm macht man auch Marzipan. Nur heißt es dann nicht Marzipan, sondern Persipan.

Korkeichen- und Lorbeerwälder

Vor vielen tausenden von Jahren waren die Länder rings um das Mittelmeer von großen Wäldern bedeckt. An flachen, feuchteren Stellen wuchsen kräftige Eichenwälder, in den trockenen Gebirgen des Libanon dagegen hohe, schlanke Tannen und die weithin berühmten Zedern des Libanon, der «Ruhm des Libanon», wie sie der Prophet Jesaja besang.

Doch schon König Salomon baute den Tempel in Jerusalem mit Zedern aus dem Libanon, und auch die ägyptischen Pharaonen und die assyrischen Könige ließen dort Zedern schlagen, um ihre Paläste daraus zu bauen. Als später die Römer alle Länder um das Mittelmeergebiet herum eroberten – das ganze riesige Gebiet hieß dann Mediterraneis, das «Mittelland» –, brauchten sie ungeheuer viel Holz, besonders für die langen, hölzernen Schiffe ihrer riesigen Flotte, mit denen sie in alle Länder ihres gewaltigen Reiches fuhren. So fällten sie immer mehr Eichen, Tannen und Zedern und glaubten wohl, der Wald sei unendlich, weil es ihn schon immer gegeben habe. Niemand dachte daran, dass man neue, junge Bäume nachpflanzen müsse, wenn man alte, große fällt, damit die jungen Bäume auch einmal groß werden können, einen neuen Wald bilden und später einmal gefällt werden können.

Als aber die Bäume alle gefällt waren, lag der Erdboden offen und ungeschützt da, und der kräftige Winterregen spülte die dünne Erdkruste von den Hängen, da keine Baumwurzeln sie mehr festhalten konnten. Ohne Erde konnten jedoch die Samen von Eichen, Tannen und Zedern nicht keimen und keine neuen Bäume aus ihnen wachsen. So kam es, dass heute im weiten Libanongebirge viele Hänge wüstenkahl sind und dass es in ganz Italien nur noch sehr wenige Wälder gibt und stattdessen dort nur niedriges, dorniges Gebüsch wächst, die Macchie (das spricht man: Mákki-e).

Einige Menschen aber passten auf, dass ihre Wälder nicht einfach abgeholzt wurden, denn diese Wälder waren ihre Freuden und ihr Reichtum: Das sind die Steineichen- und Korkeichenwälder Spaniens und die Lorbeerwälder, die es deswegen bis heute gibt.

Die Steineichen- und Korkeichenwälder sehen gar nicht aus, wie Wälder bei uns aussehen. Sie erinnern mehr an einen Park oder einen ausgedehnten Botanischen Garten, in dem schöne einzelne Bäume stehen und zwischen denen sich Wiesen mit bunten Blumen befinden.

Alte Korkeichen. Am Stamm wurde die Rinde abgeschabt, an den Ästen blieb sie erhalten.

Dies ist nun kein Zufall, denn der Mensch hat das Buschwerk, das zwischen den Bäumen wuchs, gerodet und damit Platz geschaffen, dass Schafe und Ziegen, aber auch Rinder die Kräuter der Wiesen abweiden können. Selbst Schweine werden frei in diesem riesigen Park gehalten, die berühmten schwarzen Schweine der Extremadura, die den Boden nach Pilzen und Engerlingen durchwühlen und sich im Herbst an den Unmengen der Eicheln satt und dick fressen. Von den Eichen wurden im Abstand von mehreren Jahren die Äste geschnitten, um Feuerholz zu gewinnen oder Holzkohle daraus zu schwelen. So nutzten die Menschen seit Jahrtausenden den Wald, konnten in ihm mit ihren Tieren leben und verteidigten ihn, wenn jemand ihn fällen wollte.

Beide, Steineichen und Korkeichen, sind viel niedriger als unsere einheimischen Eichen. Ihre Blätter sind kleiner, nur drei bis sechs Zentimeter lang, aber fest und lederartig und tragen spitze Stacheln an den Rändern. Auf ihrer Unterseite sind sie dicht behaart, sodass es wie weißer Filz aussieht. So können sie wie die Ölbaumblätter die kalte Jahreszeit überstehen und müssen im Herbst nicht abfallen. Im trockenen Sommer hingegen sind sie fest genug, um nicht zu vertrocknen.

Das Holz der Steineiche ist fest und hart – steinhart, wie ihr Name schon sagt – und von einer festen, rissigen Rinde geschützt. Die Rinde der Korkeiche hingegen ist etwas ganz Besonderes: Sie wächst und wächst immer mehr in die Breite, wird dicker und dicker, vier, sechs und zehn Zentimeter dick und bleibt dabei elastisch, ohne spröde oder bröckelig zu werden. Dann kann man sie mit langen Messern in großen Placken abschälen, ohne die darunter liegende, braunrote junge Rinde zu verletzen, sodass es den Bäumen nicht schadet. Diese sehen zwar erst etwas nackt und dünn aus ohne ihre schützende Rinde, bilden dann aber neue nach und können so nach acht bis zehn Jahren erneut geschält werden, und das immer wieder, 150 Jahre lang. Auch schützt die Korkrinde den Stamm, wenn einmal ein Waldbrand ausbricht. Die Rinde wird dann zwar schwarz und die Blätter sind verbrannt, aber der Baum lebt weiter und lässt neue Blätter sprießen.

Aus der geschälten Korkrinde bohrt man die bekannten Flaschenkorken für Weinflaschen, die elastisch genug sind, um in den Flaschenhals zu passen, keine Luft hinein- und keinen Wein herauszulassen und beim Herausziehen nicht kaputt zu gehen. Nur bei sehr alten und lange gelagerten Flaschen zerbröckelt der Korken manchmal. Die Korkabfälle werden fein geschnitten, heiß zusammengepresst und für Rettungsringe, Korktapeten und Fußbodenbelag verarbeitet.

Die Korkeiche ist also eine richtige kleine Industriefabrik, aber eine, die nicht raucht und stinkt, sondern gute Luft und einen wunderbaren Wald schafft, in dem die Menschen mit ihren Tieren leben können. Aber auch eine Fülle anderer Tiere lebt dort: Käuzchen und Wiedehopfe brüten in den Höhlen alter Astlöcher, tausende von Kranichen verbringen den Winter zwischen den Steineichen und fressen von den heruntergefallenen Eicheln, auch Gartenschläfer fressen sich mit den Eicheln einen dicken Speck an und verschlafen den Winter dann in ihrer Höhle.

Da ab und zu auch ein Schaf oder ein Schwein stirbt, ohne dass es gleich jemand bemerkt, kreisen die großen Gänsegeier und Mönchsgeier den ganzen Tag über den Wäldern und sorgen dafür, dass kein Aas liegen bleibt. So ernährt der Steineichen- und Korkeichenwald alle, wenn man ihn gut pflegt.

Noch viel älter als diese Eichenwälder aber sind die *Lorbeerwälder*. Sie wachsen schon seit einer Zeit, als es noch keine Menschen auf der Erde gab. So verwundert es nicht, dass der Lorbeerbaum den Göttern heilig war und ein Lorbeerwald ihr Wohnsitz und heiliger Hain war. Besonders Apollo, dem Gott des Lichtes und der fernhintreffenden Klugheit, war der Lorbeer heilig. In Delphi, wo sein größter Tempel stand und wo sein Orakel von Ratsuchenden aus ganz Griechenland aufgesucht und befragt wurde, antworteten Apollos Prophezeiungen aus dem Rauschen des Lorbeers heraus. Auch sein Tempel war ursprünglich ein Lorbeergebüsch. Später wurde ein steinerner Tempel gebaut und sogleich mit Lorbeerzweigen geschmückt; die Priester, die Pilger und die Sieger bei den heiligen Wettkämpfen trugen Lorbeer-

Der Lorbeer blüht unaufdringlich, aber fein.

kränze. Das Opferfeuer auf den Altären durfte nur aus dem dunklen, schwarzrindigen Lorbeerholz entfacht werden, da dieses eine helle, saubere Flamme ohne Rauch nährte und heiß brannte. Selbst der Tempelvorplatz wurde mit Lorbeerzweigen gefegt. Die Ärzte verordneten Lorbeeröl gegen Rheuma und verschrieben Lorbeerblätter bei schwacher Verdauung. Ein solches Wundermittel war der Lorbeer, dass es dem Dichter Euripides zu viel wurde und er spöttisch schrieb: «Ein guter Mensch wird oft dem Lorbeer gram, weil man zu sehr ihn lobt.»

Auch heute noch werden Lorbeerblätter in der Küche verwendet: für Fisch- und Linsengerichte oder in Suppen. Meist nimmt man ein ganzes Lorbeerblatt, das man mitkocht und später wieder herauszieht. Es ist fünf bis fünfzehn Zentimeter groß, oval, mit glattem Rand und beinahe so fest wie Leder. Es ist also ähnlich fest wie ein Ölbaumblatt, aber viel breiter und größer. Das lässt uns schon vermuten, dass der Lorbeer feuchtere Stellen bevorzugt als der Ölbaum.

Und tatsächlich: Die dunklen, dicht verzweigten, nur fünf bis acht Meter hohen Sträucher stehen am liebsten an schattigen und feuchten, nach Norden gerichteten Berghängen in Israel oder Spanien. Ein besonders schöner und großer Lorbeerwald wächst auf Teneriffa, am Hang des großen Vulkans Pico de Teide. Der Pico de Teide wird in seiner oberen Hälfte oft von Nebelwolken eingehüllt, sodass er gar nicht zu sehen ist. Genau dort aber wächst der Lorbeer. Warum? Auf seinen großen, glatten Blättern schlägt sich der Nebel als Tropfen nieder, sodass diese ganz nass werden, das Wasser von ihnen hinunter auf den Boden tropft und von den Wurzeln aufgenommen wird. Es ist, als kämmten die Blätter das Wasser aus dem Nebel heraus, um sich selber damit vollzusaugen.

Im Frühling sieht der sonst so dunkle Lorbeer ganz leuchtend gelb aus: Da ist er über und über mit kleinen gelben Blüten überhäuft. Sie füllen die Luft mit ihrem Blütenduft, der nicht ein süßer oder schwerer Duft ist, sondern ein edler, mit einer herben Würde. Wenn man mitten in einer solchen ernsten Duftwolke steht, dann versteht man etwas von der Würde Apollons und von dem hohen Alter des Lorbeers, das so weit in die Zeit der Götter zurückreicht, und man versteht, dass Bäume die ersten Tempel der Götter waren.

Macchie

Die Macchie, die wir an Stelle der selten gewordenen Wälder in der Welt rings um das Mittelmeer finden, ist ein dichtes Buschwerk aus Kräutern und Sträuchern, das oft so stachelig und dornig ist, dass man sich kaum hindurchbewegen kann, wenn man nicht die schmalen Trittpfade der Ziegen und Schafe benutzt, die diese durch ständigen Gebrauch hinterlassen haben. Denn Ziegen und Schafe leben hier überall und weiden mit ihren naschhaften Zungen die schmackhaftesten Blätter der Sträucher und Kräuter ab, vorausgesetzt, dass diese keine Stacheln haben. Oft sind es so viele Tiere, dass sie kaum ein grünes Blättchen finden und dann auch Stängel und Rinde der Gebüsche abkauen, sodass diese absterben. Dann bleiben nur kniehohe Stachelpolster zwischen den Steinen auf dem Boden zurück, die selbst die hungrigsten Ziegen verschmähen. Solch eine dürre und magere Macchie nennt man Garrigue (das spricht man: Garríg). Die Dornen dieser niedrigen Sträucher waren und sind in Israel derart häufig, dass es sicher diese gewesen waren, aus denen die Dornenkrone geflochten wurde, die die Kriegsknechte Jesus aufsetzten, um ihn zu verspotten.

Im April und Mai verwandeln sich Macchie und Garrigue in ein zartes Blütenmeer, denn fast alle Kräuter und Sträucher öffnen jetzt ihre Blüten. Die bis einen Meter hohen Sträucher der Cistrosen sind dicht an dicht mit zerknitterten weißen oder rosa Blütenschalen übersät, die wie große, knitterige Heckenrosenblüten aussehen, obwohl sie gar nicht miteinander verwandt sind – und sind von kleinen Blütenkäfern umsummt. Etwas später öffnet die wohlduftende Myrthe ihre großen weißen Blüten. Daneben streckt der Schopflavendel, ein niedriger, kaum kniehoher Strauch seine tief-dunkelvioletten Blüten empor – herb und harzartig duftend. Ein noch winzigerer Strauch ist der Thymian, dessen angenehm-würzigen Duft man in der Küche als Gewürz verwendet. Er erreicht kaum 10 bis 20 Zentimeter Höhe und ist doch ein echter, verholzter Strauch, ein Zwergstrauch. Mit seinen rosa-violetten Blütchen, die zu tausenden nebeneinander stehen, wird er stets von vielen Bienen umsummt, die auf der Suche nach Nektar von einer Blüte zur anderen krabbeln. Sein Wohlgeruch entstammt gar nicht den Blüten, sondern größtenteils den winzig kleinen, schmalen Blättchen, und man riecht ihn, wenn man diese nur ein bisschen zwischen den Fingern reibt. Legt man sich in die sommerliche Garrigue zwischen Thymian und Felsbrocken, so steigt einem die ganze Nacht über der Duft in die Nase – eine unvergessliche Nacht!

Während des heißen Sommers lassen manche Sträucher die Blätter vertrocknen, und die Macchie wartet auf den kühleren Herbst und die Winterregen, um weiterwachsen zu können.

In der Savanne

Afrika ist ein Kontinent, auf dem es alles gibt: trockenste Stein- oder Sandwüsten, in denen jahrelang kein Tropfen Regen fällt, und andernorts immer nasse Regenwälder, in denen bis zu fünfzehnmal so viel Regen vom Himmel prasselt wie bei uns (und das finden wir ja oft schon mehr als genug). Es gibt hohe Vulkane, wie den 5.895 Meter hohen Kilimandscharo, auf dessen Gipfel das ganze Jahr über Schnee und Eis liegen, und es gibt Täler in Äthiopien, wie die Danakilsenke, die tiefer als 100 Meter unter dem Meeresspiegel liegen und so heiß sind, dass selbst die dort lebenden Afar-Nomaden mit ihren Kamelen nicht freiwillig hindurchziehen! Aber es gibt natürlich auch mittlere Gebiete, solche, die warm sind, wärmer als bei uns, aber nicht unerträglich heiß; solche, in denen es trockener ist als bei uns, aber in denen es auch zwei Regenzeiten im Jahr gibt, die dafür sorgen, dass Pflanzen, Tiere und Menschen leben können. Das sind die Savannen – die schönsten Landschaften Afrikas und vielleicht der ganzen Erde!

Die Savanne ist kein Wald – und doch gibt es Bäume. Die Savanne ist keine Steppe – und doch gibt es große Grasflächen. Man kann sich in den Schatten eines Baumes setzen und trotzdem weit in die Runde bis zu den nächsten blauen Bergen schauen. Man kann aber auch unter freiem Himmel durch das Gras laufen und hat gleich wieder den nächsten Baum erreicht. Es ist wie in einem großen Obstgarten, wo Apfel- und Kirschbäume viel Luft und Licht zwischen sich lassen und unter ihnen Wiese wächst. Und so schön wie in einem Garten ist es hier auch. Denn hier leben und wandern die großen Tierherden, die Zebra-, Gazellen- und Giraffenherden, die Büffel- und Elefantenherden, aber auch die einzelgängerischen Nashörner, dazu Löwen, Leoparden und manchmal Geparden. Und auch die ersten Menschen sind in der afrikanischen Savanne zwischen allen Tieren zur Welt gekommen. Es scheint ihnen sehr gut gefallen zu haben, denn obwohl sie sehr gute Wanderer waren und später bis nach Indien und Europa gelaufen sind, sind sie doch über Jahrmillionen in der Savanne geblieben!

Baobab und Akazien

Die häufigsten Bäume in der Savanne sind die Akazien, die wir uns gleich noch näher anschauen wollen. Die seltsamsten Bäume aber sind die Baobabs oder Affenbrotbäume. Sie haben einen kurzen, aber oft so dicken Stamm, dass man kaum glaubt, einen ganz richtigen Baum vor sich zu haben. Noch dazu breitet sich der Stamm oft wie eine dicke, unförmige Flasche aus. Er wirkt sehr mächtig, aber auch ein wenig angeberisch. Zu ihm wollen auch die kurzen, nur wenig verzweigten Äste gar nicht so recht passen. Die Afrikaner haben eine Erklärung für diese seltsame Gestalt:

Als Gott die Welt erschuf, wollte der Baobab der schönste und größte von allen sein und zog sich den Zorn Gottes zu, so lange, bis dieser ihn kurzerhand herausriss und kopfüber wieder in den Boden steckte, sodass nun die kurzen, abgerissenen Wurzeln in die Luft ragten. Und so steht er bis heute.

Der glatte, graue Stamm, der so dick werden kann, dass ihn fünfzehn Männer nicht umspannen können, hat eine ganz wichtige Aufgabe: Er besteht nämlich aus sehr weichem, faserigem Holz, das gar nicht richtig hölzern fest wird, dafür aber sehr viel Wasser aufsaugen und für die Trockenzeit speichern kann. Das wissen auch die Elefanten, die gerne mit ihren Stoßzähnen den Stamm aufspleißen und das feuchte Holz kauen, wenn sie keine Wasserstelle finden. Jeder andere Baum würde sterben, wenn ihm so die lebendige Schicht, das Kambium, abgerissen würde. Der Baobab ist der einzige Baum, der es aus dem Inneren des Stammes neu wachsen lassen kann. Manchmal verwittert das weiche Holz im Stamminneren, und der Stamm wird hohl. Dann schmieren die Afrikaner etwas Holzpech auf die Innenseite des Stammes. Wenn in der nächsten Regenzeit das Wasser in den Baum rauscht, läuft es an Zweigen und Ästen herunter bis in die Stammhöhlung wie in eine große Zisterne und kann in der Trockenzeit herausgeschöpft werden.

Auch wenn sie manchmal über ihn lachen, so schätzen die Afrikaner den Baobab doch sehr; und nur den Häuptlingen wird die Ehre zuteil, im Inneren eines hohlen Baobabs bestattet zu werden.

Schön ist es, in einem Baobab zu wohnen. Es gibt manche Baumhäuser in ihrer Krone; so wohnte der große simbabwische Bildhauer John Maringa viele Jahre in einem solchen Baobab-Wohnhaus und hatte hier inmitten der rauschenden Zweige die besten Ideen für seine Steinskulpturen.

Die Blätter des Baobabs sehen etwa wie Kastanienblätter aus, bestehen also aus fünf, wie die Finger einer Hand zusammenhängenden Blättchen. Man kocht aus ihnen ein leckeres Gemüse. Wenn nach der langen, staubigen Trockenzeit der erste Regen vom Himmel rauscht und die Savanne wieder grün wird, blüht der Baobab mit weißen Blüten, die bis zu einer Handspanne breit werden und in ihrer Mitte viele purpurne Staubblätter tragen; diese Staubblätter sehen wie ein weichhaariger Rasierpinsel aus. Sie hängen an Blütenstielen, die bis zu einem Meter lang werden und sind am Tage fest geschlossen. Erst wenn die Sonne untergegangen und die afrikanische Nacht hereingebrochen ist, öffnen sich schnell die Blüten. Ein seltsamer Geruch strömt von ihnen aus: zuerst wie Senf, später aber immer heftiger wie Aas – wirklich ein sehr seltsamer Geruch für eine Blüte! Noch merkwürdiger ist aber, was in der Nacht passiert: Da fliegen zahlreiche Fledermäuse und kleine Flughunde um den Baobabbaum und seine vielen Blüten und scheinen den uns unangenehmen Gestank ganz wunderbar zu finden. Denn sie landen sogar auf dem Tellerrand der Blüten, halten sich mit ihren Krallen fest und schlecken mit ihrer langen Zunge den süßen Blütennektar heraus, der hier sehr reichlich fließt. So fliegen sie von einer Blüte zur anderen, bestäuben diese dabei und trinken die

In der Trockenzeit verliert der Baobab seine Blätter.

ganze Nacht hindurch so viel Nektar, dass sie leicht berauscht werden und nichts anderes mehr fressen wollen. Das sind ganz andere Fledermausarten als bei uns! Manchmal springen auch Buschbabys, kleine Halbaffen mit langen Greifschwänzen und großen Nachtaugen in weiten Sätzen nach den Blüten und schlürfen den Nektar heraus. Dabei quietschen sie gut gelaunt wie Menschenbabys – deswegen heißen sie so.

Wenn die Blüten dann zu Früchten ausreifen, hängen diese noch immer an den langen, schnurähnlichen Stielen. Da die Früchte dieselbe Form wie Ratten haben und noch dazu pelzig behaart sind, sieht es so aus, als hingen hoch oben im Baum tote Ratten an ihrem Schwanz aufgehängt – eine scheußliche Vorstellung! Die Engländer nannten den Baobab darum spaßeshalber auch «dead-rat-tree», «Tote-Ratten-Baum» – ein etwas makaberer Spaß! Steht man unter einem fruchtenden Baobab, so muss man befürchten, dass jeden Moment eine dieser harten und spitzen Früchte herunterfällt – da möchte man nicht getroffen werden! Die großen, hölzernen Fruchtschalen kann man gut als Schöpflöffel verwenden. Im Fruchtinneren befindet sich ein Pulver, das in Wasser angerührt ein erfrischend säuerliches, vitaminhaltiges Getränk ergibt. Die zahlreichen, wie Cashewnüsse aussehenden Samen kann man rösten, mahlen, mit heißem Wasser aufbrühen und als eine Art Kaffeeersatz trinken.

So hilft der Baobab mit allen seinen Teilen dem Menschen, und man versteht gut, dass oft ein tausend Jahre alter oder noch älterer Baobab im Mittelpunkt eines Dorfes steht und unter ihm die Ratsversammlung tagt. Denn wo gibt es mehr Weisheit und Freundlichkeit – auch wenn sie manchmal etwas merkwürdig aussieht?

Die *Akazie** ist das genaue Gegenteil des Baobabs. Während dieser groß und wuchtig wie ein Elefant in der Savanne steht, erscheint die Akazie zierlich und leicht wie eine hüpfende Gazelle oder eine gemessen schreitende Giraffe. Nicht auf *einem* mächtig breiten Stamm steht sie, sondern auf mehreren zart und zerbrechlich wirkenden Stämmchen, als hätte sich *ein* großer Stamm in mehrere kleine aufgelöst. Kaum glaubt man, dass solche Stämmchen eine Baumkrone tragen können, doch wirkt auch die Akazienkrone, die wie ein Schirm ausgebreitet ist, nicht schwer, sondern eher wie ein grün durchscheinendes Wölkchen, das sich nur vorübergehend an den Akazienstämmchen festhält, um bald weiterzufliegen. Die Äste verzweigen sich immer weiter zu schlanken Zweigen, und diese tragen die kleinen Blätter, diese selber sind noch einmal zu winzig kleinen Fiederblättchen zerteilt: ein Blatt oft zu dreißig und mehr. Alles an der Akazie scheint sich aufzulösen, besonders aber die Blüten: Diese bestehen fast nur aus den zarten Staubblättern, aber aus *so* vielen, dass sie kaum Platz fänden, wenn sie nicht so dünn und schmal wären. So wachsen sie

---

* Bei uns gibt es keine Akazien. Der Baum, den manche Menschen so nennen, heißt Robinie oder Scheinakazie, sieht aber den echten Akazien gar nicht ähnlich. Auch «Akazienhonig» kommt von Robinien und nicht von Akazien.

Einige Marabus haben sich auf der Akazie in der Savanne niedergelassen. Im Hintergrund die Sümpfe des Nils.

dicht an dicht, wie in einer Kugel in alle Richtungen strahlend. Bei manchen Akazienarten sind sie weiß oder rosa, am schönsten aber sind die leuchtend gelben Blüten, wenn sie in dichten, goldgelb scheinenden Büscheln vor dem blauen Himmel hängen.

Ebenso strahlend und eindrucksvoll, aber doch Respekt und Abstand gebietend, sind die Dornen, die rechts und links von jedem Blatt sitzen. Bei manchen Akazienarten sind sie klein und hakig gekrümmt, bei der «schrecklichen Akazie», der Acacia horrida, aber sind sie gerade und lang wie ein Dolch und ebenso spitz. Tritt man versehentlich auf einen trockenen Ast am Boden, kann der Dorn durch die Schuhsohle in den Fuß dringen und furchtbar weh tun. Selbst einen Autoreifen kann er durchstechen. Also Vorsicht! Manche Dornen haben am unteren Ende eine zwei Zentimeter große Kugel, die hohl ist und

Scharfe Dornen und zarte Blüten: Akazien.

in die an einer Stelle ein kleines Loch gefressen ist. Klopft man an, so kommen einige Ameisen mit aufgerissenen kräftigen Beißzangenkiefern heraus, um nach dem Rechten zu sehen. Da ist es besser, Abstand zu halten, da ihre Bisse wie Feuer brennen! Die Ameisen wohnen in den hohlen Akaziendornen, schlecken gerne den süßen Zuckersaft, den diese an manchen Stellen der Zweige ausschwitzen, und vertilgen wohl die eine oder andere Raupe, die an den Blättern nagt. Wenn der Wind richtig über die Akazien und die Eingänge der Ameisenwohnungen streicht, tönt und flötet es aus ihnen, wie wenn man über eine leere Flasche bläst, aber viel höher und zarter. Da versteht man, dass diese Akazien Flötenakazien heißen.

Doch nicht nur die Ameisen sind mit den Akazien befreundet. Auch Gazellen, Antilopen und Giraffen mögen sie sehr und fressen gerne von ihren Blättern. Manche Akazien sind deshalb von unten geschoren, so hoch wie ein Gazellenhals in die Höhe reicht; andere wurden oben von Giraffen abgeweidet, sodass sie wie ein flacher oder leicht gewölbter, sehr hoher Giraffentisch nach Giraffenhalslänge geformt sind. Damit die Giraffen und Gazellen aber nicht zu viele der leckeren Blätter fressen, werden alle Blätter bitter, sobald die ersten gefressen werden. Nach wenigen Minuten schmeckt es den Giraffen nicht mehr, und sie ziehen zur nächsten Akazie weiter. Auch die Ameisen werden ganz aufgeregt, wenn die Giraffen zu lange fressen, und beginnen zu beißen, bis diese weiterziehen. Die «horriblen» Dornen hingegen machen den Giraffen wenig aus: Mit ihrer 30 Zentimeter langen hellblauen Zunge fassen sie geschickt um die Dornen herum und ergreifen vorsichtig die einzelnen Blättchen. Sie sind sehr achtsam dabei, obwohl Giraffen mit ihren großen, schönen Augen ja immer aussehen, als ob sie träumten.

Gazellen und Antilopen fressen auch die Akazienfrüchte, die wie dicke, behaarte Erbsenschoten aussehen, sehr gerne. Dabei verschlucken sie die harten und glatten Kerne, verdauen sie aber nicht. Wenn sie das nächste Mal unter einer Schatten spendenden Akazie oder an einer erfrischenden Wasserstelle rasten, dann setzen sie ihren Kot und mit ihm die Akaziensamen ab. Dort, an einer feuchten Stelle, keimen die Akaziensamen sehr gut, und die jungen Bäume können, durch den Kot gut gedüngt, besonders gut wachsen. So helfen die Gazellen und die Antilopen den Akazien, ihre Samen an die richtigen Stellen zu verbreiten.

Die Akazien haben sehr lange Wurzeln, die flach in der Erde verlaufen, sodass sie bei einem Regen schnell alles Wasser aufnehmen können, bevor es versickert ist. Aber am liebsten wachsen Akazien dort, wo sie mit ihren langen, senkrechten Wurzeln bis an das Grundwasser gelangen können, denn dann müssen sie auch in der Trockenzeit nicht dursten. Diese Wurzeln können unglaublich tief in den Boden hineingehen. Als man den Suezkanal baute und seine sehr tiefe Rinne ausschaufelte, grub man die Wurzeln einer Akazie auf, die bis in eine Tiefe von 35 Metern reichten – das sind mehr als zehn Kellergeschosse in die Erde hinein!

Schaut man von einem Berg hinunter auf ein besonders trockenes Savannengebiet, dann sieht man manchmal, dass die Akazien nicht überall wachsen, sondern sich alle in einer oder mehreren geschwungenen Linien aufgereiht haben. Dort, tief unter dem Sand, fließt ein unterirdischer Flusslauf, in den die Akazien ihre Wurzeln gesenkt haben. Die Elefanten wissen das auch! Sie graben zwischen den Akazien mit ihren Stoßzähnen Löcher in den Sand, oft ein bis zwei Meter tief, bis sich diese mit Wasser füllen, sodass sie das Wasser mit ihren Rüsseln heraufsaugen können.

Wie gut, dass Akazien sich so gut und fest im Boden verwurzeln können! Womöglich würden sie sich sonst ganz in Luft und Licht auflösen, und damit würde vielen Tieren etwas fehlen!

Gräser

Wer in die großen Savannen Ostafrikas eine Reise macht – eine Safari, wie die Reise auf Kisuaheli heißt –, wer in die Serengeti, die Massai Mara oder den Tsavo reist, den beeindrucken natürlich als Erstes die großen Tierherden: die zotteligen, kurzhornigen Gnus, die zu hunderttausenden durch die Serengeti ziehen, zehntausende von Zebras, dazu die großen, isabellfarbenen Elenantilopen, die zierlichen Impalaantilopen, schwarze, massige Wasserbüffel, Leoparden, Löwen und viele andere. Erst wer lange genug da ist und schon viele Tiere gesehen hat, achtet vielleicht auch auf die Pflanzen, die Baobabs und Akazien, aber auch auf die leuchtend roten Malvenblüten mit ihren orangeroten Staubblättern, die eleganten weißen, rosa getupften Gladiolen oder erfreut sich an den großen Mengen gelber Blütensterne, die mit den ersten Regenfällen aufsprießen. Kaum jemand sieht, dass die meisten Pflanzen hier Gräser sind. Vielleicht sieht er es auch, aber er beachtet es nicht, denn Gräser sind ja nichts Ungewöhnliches, es gibt sie überall auf der Welt – warum sollte er sie beachten?

Wildgetreide und Gras beim See Genezareth in Israel.

Und doch sind die Gräser etwas ganz und gar Ungewöhnliches: Sie erst ermöglichen es diesen vielen Tieren, hier zu leben. Schauen wir einmal auf solch eine große grasbestandene Ebene in der Savanne: Gnus, Zebras und Antilopen grasen friedlich gemeinsam – und «grasen» heißt ja, sie fressen Gras. Selbst die schweren Nilpferde schieben sich abends prustend und schnaufend mit ihren massigen Körpern aus dem Wasser, um ebenfalls die ganze Nacht über von dem Gras zu fressen.

Nun geschieht dies alles nicht durcheinander und ungeordnet, sondern nach einer genauen Reihenfolge: Zuerst kommen die Zebras, die die in der Regenzeit frisch und lang aufgeschossenen, grünen Gräser abweiden. Dann folgen die Gnus, oft zehnmal mehr als Zebras, doch fressen sie andere Grasarten als die von den Zebras ausgewählten. Nach wenigen Tagen haben sie diese Gräser bis auf die Höhe einer Handspanne hinuntergefressen und ziehen gemächlich weiter. Jetzt sind nur noch die trockenen Grasstoppeln zu sehen. Und diese werden von den zierlichen Thompsongazellen abgeäst, die in den nächsten Wochen durch die Ebene ziehen.

Da seither kein Regen mehr gefallen ist, treibt das Gras auch keine neuen Blätter aus. Im Gegenteil: Oft wird es so heiß und trocken, dass ein einziger Blitzschlag schon genügt, die Savanne in Brand zu setzen. Das ist aber kein wildes und gefährliches Feuer wie ein Waldbrand. Es gibt ja nur noch die kurzen Grasstoppeln, die brennen können, und meist huscht das Feuer schnell und ohne hohe Flammen über den Boden hinweg. Das ist gut so, denn dabei verbrennen die Stämme der Akazien nicht. Auch die Wurzeln der Gräser werden durch die schwache Hitze nicht zerstört. Zwar sieht die Savanne nun einige Tage lang verkohlt und rußig wie das Innere eines Ofens aus. Doch sobald der erste Regen tropft, sprießt das Gras erneut und verwandelt die schwarze Fläche in eine mit Asche gedüngte, kräftig wachsende grüne Wiese! Wäre das Gras vorher nicht so sorgsam abgeweidet worden, hätte das dann viel längere, dürre Gras viel heftiger und heißer gebrannt; Graswurzeln und Akazien wären mitverbrannt, und über mehrere Jahre hätte hier gar nichts wachsen können. Die großen Tierherden fressen also nicht nur das Gras, sondern verhelfen ihm auch dazu, weiterhin wachsen zu können!

Wie kommt es aber, dass eine Pflanze, die so oft abgefressen wurde, gleich beim nächsten Regen ganz unverdrossen weiterwachsen kann, als wäre nichts geschehen? Nun, Bäume und Sträucher sprießen vorne an den Enden ihrer Zweige. Schneidet man das Zweigende ab, kann es nicht mehr sprießen und tiefer sitzende Knospen müssen austreiben. Die Gräser aber haben ihre Knospen nicht am vorderen Ende von Zweigen (sie haben ja keine Zweige), sondern dicht am Boden, sie sprossen daher nicht am vorderen Ende, sondern immer von unten. Egal, was ihnen oben abgefressen oder verbrannt wurde, der wachstumsfähige Teil liegt wohlgeschützt zwischen den alten, vertrockneten Blättern und kann sofort austreiben.

Sieht man Gräser auf einem Gemälde oder einer Zeichnung, so sind oft nur senkrechte Striche gezeichnet, und doch weiß der Betrachter, dass Gras gemeint ist. Es wäre zwar übertrieben zu sagen, dass Gras nur aus Stängeln bestünde, doch sind diese ein besonders wichtiger Teil des Grases. Grasstängel sind rund, hohl, sehr schlank und in regelmäßigen Abständen mit Knoten versehen. An den Knoten sitzen die ebenso schlanken, lang gezogenen Blätter mit ihren parallelen Adern. Sie sind in ihrem unteren Teil dicht um den Stängel herum geschmiegt, sehen dort also ganz wie Stängel aus und lösen sich erst in ihrem oberen Teil ab, um frei der Sonne entgegenzuragen.

Ein Grasstängel scheint uns wenig stabil zu sein, da ihn jedes Kind umknicken kann. Bedenkt man aber, wie schlank er ist und wie hoch der Halm hinaufragt, dann ist es schon sehr erstaunlich, wie elastisch er sich vom Sturm beugen lässt und wie stabil und ungebrochen er danach wieder aufsteht. Ein Fernsehturm ist da viel plumper und längst nicht so elastisch! Selbst wenn der Grashalm einmal umgebrochen wurde, richtet er sich doch an den Knoten wieder auf. Der Grasstängel hat viel Kiesel in sein Inneres aufgenommen; dieser verleiht ihm Härte, Elastizität und auch Glanz. Auch an den Blatträndern sitzen winzige Zähnchen aus Kiesel, wie die Zähne einer kleinen, scharfen Säge. Man sollte nie versuchen, sich an Gras festzuhalten, denn man kann sich an den Blatträndern leicht und tief schneiden!

Man glaubt vielleicht, alle Gräser seien klein und unauffällig, aber es gibt viele sehr große Gräser, nicht nur den Bambus, den wir uns später noch genauer anschauen wollen, sondern auch das Elefantengras: Es hat seinen Namen daher, dass sich ein Elefant bequem zwischen seinen Stängeln verstecken kann!

Kein Grasstängel hat jemals große, farbige Blüten getragen. Das weist uns auf ein Geheimnis bei den Gräsern hin, ist doch die Blüte sonst ein ganz wesentlicher Teil der Pflanzen. Gleichwohl tragen die Gräser zahlreiche Blüten, in Rispen und Ähren angeordnet, nur sind diese winzig klein und unauffällig. Auch sehen die Grasblüten einander alle so ähnlich, dass man schon ein ausgebildeter Botaniker sein muss, um verschiedene Gräser wirklich genau unterscheiden zu können. Die Blüte wird von zwei strohtrockenen Schuppen, den Spelzen, eingefasst. Anstelle der farbigen Kronblätter hat sie zwei oder drei winzige Verdickungen, die anschwellen können und damit die Blüte öffnen; dazwischen sitzen drei Staubblätter und ein Fruchtblatt. Öffnet sich die Blüte, gelangen die Staubblätter ins Freie und hängen schlaff heraus. Der Blütenstaub oder Pollen in den Staubblättern ist so trocken, so leicht und gar nicht klebrig, dass er wie Mehl davonfliegt, sobald nur ein leichter Wind zu wehen anhebt. Da ein Gras nie allein blüht, sondern immer zu vielen, so erhebt sich gleich eine ganze gelbe Wolke aus Grasblütenstaub – eigentlich ein sehr hübscher Anblick. Nur wer allergisch auf Graspollen reagiert, sollte jetzt flüchten, sonst beginnen seine Augen zu tränen!

Jedes Fruchtblatt hat zwei Narben, die wie winzige Federchen aussehen und etwas klebrig sind. Wird der Pollen vom Wind herbeigeweht, bleibt er leicht an diesen Narben kleben und bestäubt sie. Dann kann sich die Frucht ausbilden. Aber ach, die Grasfrucht ist so spärlich wie die Grasblüte: Nur eine papierdünne Hülle ist es, die sich da um den Samen herumlegt. Und nur ein einzelner Same bildet sich in jeder Frucht. Doch der hat es in sich! Denn der Same der Gräser ist enorm dick und voll gepackt mit nahrhaftem Mehl! Besonders wenn man bedenkt, wie klein eine Graspflanze ist, kommt das Gewicht des Samens in Betracht.

Dieses Mehl der Grassamen schmeckt natürlich Mäusen, Spatzen und andern Vögeln sehr gut. Besonders gut schmeckt es uns Menschen. Denn schon vor Jahrtausenden haben die Menschen begonnen, aus wilden Grasarten Israels und Persiens solche Grasarten zu züchten, die noch größere Samen tragen. Das waren die Getreidearten Emmer, Einkorn und Dinkel, später kamen Weizen, Roggen, Gerste und Hafer hinzu. Getreide ist heute überall auf der Welt die wichtigste Grundlage der Nahrung: bei uns vor allem das Brot aus Roggen, Weizen oder Dinkel; in Indien und China ist es Reis, in Amerika und Afrika auch Mais und Hirse. Die wilden Getreidearten, aus denen die ersten Getreide gezüchtet wurden, wachsen noch heute in den Savannen Israels!

Jetzt verstehen wir auch das Geheimnis der Gräser: Zwar bilden sie keine prachtvollen, großen Blüten, zwar sehen sie einander in ihrer Unauffälligkeit ganz ähnlich. Aber dafür geht ihre ganze Kraft erst in die Blätter, die von Tieren gefressen werden können, dann in die Samen hinein und verschenkt sich so an die Menschen, die sie als tägliches Brot essen!

Man hat sich lange gefragt, ob die Gräser eigentlich deswegen so einfach gebaut sind, weil sie viel älter als die komplizierten Bäume und die bunt blühenden Kräuter sind, oder ob sie viel jünger sind. Jetzt weiß man, dass es die jüngsten Pflanzen auf der Erde sind, vielleicht gerade erst so alt wie der Mensch selber, die Bäume dagegen schon lange vor dem Menschen da waren. Verglichen mit den Bäumen sind die Gräser wie kleine Kinder, die zusammen mit dem Menschen auf die Erde kamen, als dieser noch ein Kind war. Ohne die Gräser konnten die Menschen damals nicht leben, und sie könnten auch heute nicht ohne sie die Erde bewohnen!

Baumwolle

Wilde Baumwolle wuchs ursprünglich in den Savannen Südafrikas, aber auch, weit entfernt, in Südamerika, dort, wo das Hochgebirge der Anden zum Pazifischen Ozean hin abfällt. Auch die alten Ägypter haben Baumwolltücher verwendet, und in Indien verwendet man Baumwolle seit mindestens fünftausend Jahren. Da sie schon so lange zu einer Haus- und Kulturpflanze geworden ist, weiß man schon gar nicht mehr ganz genau, von welcher der vielen wilden Baumwollarten sie eigentlich abstammt.

Die Baumwolle mag gerne sehr warme und heiße Temperaturen. Sie verträgt auch kräftige Regen, aber nur, solange sie klein ist. Reift die Baumwolle aus, muss es völlig trocken und windstill sein, denn

Wie Watte quellen die Samenhaare der Baumwolle aus der Fruchtkapsel.

sonst verkleben und verklumpen die feinen weißen Fäden, oder die Büsche brechen im Wind. Daher wird Baumwolle heute in vielen warmen und heißen Ländern angebaut: in Ägypten, Indien, Südchina, Amerika, im Sudan und sogar in Griechenland.

Die Baumwolle ist ein locker wachsender Strauch, der übermannshoch werden kann. Ihre Blätter sehen ein wenig wie Efeublätter aus, mit drei bis fünf Blattlappen und dunkelgrüner Farbe, sind aber nicht so dick und fest. Wenn die Blütenknospen aufgehen, zeigen sie große, zarte und durchscheinende Blüten, ähnlich wie eine Malven- oder Hibiskusblüte, mit denen die Baumwolle auch verwandt ist. Je nach Art können die Blüten weiß, rosa oder gelb mit roten Punkten in der Mitte aussehen oder sogar ganz rot.

Wenn die Blüten verwelkt sind, entwickeln sich die Früchte, die zu tischtennisballgroßen Kapseln heranwachsen und nach drei Monaten so stark austrocknen, dass sie aufplatzen und den Samen herausquellen lassen. Die Samenkörner selbst sind nur drei Millimeter groß und schwarz, aber an ihnen sitzen leuchtend weiße Samenhaare, mit denen sie durch die Luft davonfliegen können – ähnlich wie unsere Disteln, Pappeln oder Weiden. Die Samenhaare quellen so üppig aus den Fruchtkapseln heraus, dass man sich gar nicht mehr vorstellen kann, wie diese riesige Menge in die kleine Kapsel hineingepasst hat. Ein ganzes Baumwollfeld leuchtet dann strahlend weiß! Dies ist die eigentliche Baumwolle, weich und sanft wie Watte. Ja, gute Watte ist nichts anderes als reine Baumwolle! Die Samenhaare von wilder Baumwolle sind etwa zwei Zentimeter lang, die der edelsten heutigen Baumwolle sogar sieben Zentimeter! Je länger die Fasern sind, desto leichter lassen sie sich verspinnen und desto weicher wird das Hemd auf der Haut!

Schaut man sich diese Samenhaare unter dem Mikroskop an, so sieht man, dass sie nicht rund und elastisch wie menschliche Haare oder Wolle sind, sondern flachgedrückt und ziemlich knitterig. Sie sehen ein bisschen aus wie das Bein einer Jeans, die ja aus ihnen gemacht wird: leer, breitgedrückt und schon von sich aus krumm. Das liegt daran, dass sie, anders als Haare oder Wolle, schon abgestorben sind, wenn die Baumwolle reif geworden ist.

Bevor man die Baumwolle verarbeiten kann, muss man sie erst einmal pflücken. Das ist in der Hitze des Sommers eine mühsame Arbeit: Für 50 Kilogramm Kapseln musste früher ein kräftiger Mann zwei Tage lang pflücken. In Amerika mussten oft schwarze Sklaven diese ermüdende Arbeit machen. Um sich die schwere Arbeit zu erleichtern, sangen sie während des Pflückens und auch abends in ihren Hütten. Es sind schwermütige Lieder von Mühsal und Trauer, die bis heute gesungen werden, auch wenn es längst keine Sklaven mehr gibt. Der «Cotton-picker-blues», der Baumwollpflückerblues, ist ein solcher Gesang.

In Amerika und Russland ernten heute auch Maschinen die Baumwolle. Die beste Qualität hat aber noch immer handgepflückte Baumwolle, da maschinengeerntete oft Blätter, Stängel oder unreife Baumwollfasern enthält. Die Pflückmaschine kann das nicht unterscheiden.

Nach der Ernte müssen die schwarzen Samenkörner von den Samenhaaren abgetrennt werden, denn natürlich können sie nicht mitversponnen werden. Das klingt einfach, dauert aber sehr lange: Für 50 Kilogramm brauchte derselbe kräftige Mann sieben Wochen ohne Pause, schaffte also nur ungefähr ein Kilogramm am Tag! Wie froh war man, als man eine einfache Entkernungsmaschine erfunden hatte, mit der man dieselbe Menge an einem Tag entkernen konnte! Die Samenkörner sind zwar nur klein, machen aber zwei Drittel des Erntegewichtes aus, da die Samenhaare so leicht sind! Man wirft sie nicht weg, sondern presst das Öl aus ihnen heraus und verwendet es für Margarine. Den Rest füttert man den Schweinen.

Danach wird die Baumwolle gesäubert und gekämmt, sodass zu kurze Fasern, die man nicht verspinnen kann, herausgekämmt werden. Erst dann kann man mit dem Spinnen und Weben beginnen.

Baumwollstoff ist angenehm weich und kühl auf der Haut und saugt sehr gut den Schweiß auf. Man macht deshalb gerne Unterwäsche, T-Shirts, Jeans, aber auch Bettwäsche und Mullbinden aus ihr. Da die Baumwollfaser gut Farbe annimmt, lassen sich Baumwollstoffe auch gut färben oder farbig bedrucken, verlieren die Farbe aber auch manchmal wieder bei zu heißem Waschen – wie sicher jeder schon einmal bemerkt hat. Es gibt sogar Baumwolle, die schon rosa oder grünlich am Strauch wächst, sodass man sie gar nicht zu färben braucht.

Für kalte Winter ist Baumwollkleidung weniger geeignet, da die flache, hohle Faser nicht gut die Wärme hält. Wollpullover wärmen besser. Die Baumwolle ist eben eine Pflanze der heißen Länder, und die Baumwollsamen sind geschaffen, um durch die Luft zu fliegen!

Baumwollsamen kann man im Gartencenter kaufen und zu Frühlingsbeginn im Blumentopf aussäen. Die Baumwolle wächst gut, da ihr die trockene und warme Luft unserer Wohnzimmer gut gefällt. Mit etwas Glück kann man im Herbst sogar selber Baumwolle ernten!

Lilien und Lilienverwandte

Aus dem grünen Savannengras, wie es so frisch nur in der Regenzeit glänzt, leuchten immer wieder einzelne farbige Blüten heraus: wie kleine weiße Trompeten glänzende Lilienblüten oder flammendrote und -gelbe Ruhmeskronen mit ihren hochgeschlagenen und wie Flammen in sich gedrehten Blütenblättern. Viele von ihnen gehören zu den Lilien oder Lilienverwandten, die nicht nur in den Savannen, sondern in vielen trockenen Gebieten der Erde wachsen, den weiten Steppengebieten Asiens oder dem Mittelmeergebiet, von dessen sommerlicher Trockenheit wir schon gehört haben.

Die bekannteste und schönste Lilie ist die Weiße Lilie, deren Heimat die trockenen Gebiete zwischen Persien und Israel sind. Ihre Blüten glänzen in so reinem, durchscheinendem Weiß, dass sie gleichzeitig wie kühles, durchsichtiges Eis und wie weiche, glänzende Seide aussehen. So schimmernd und glatt sind sie, dass schon die alten Griechen sagten, die Lilienblüte könne von einem Kunstwerk aus dem feinsten parischen Marmor nicht übertroffen werden, denn der Marmor sei tot, die Lilie aber lebendig. Sie sehen ein bisschen wie silberweiße Trompeten aus, aber viel zarter und eleganter gestreckt. Mehrere Blüten wenden sich gleichzeitig zur Seite, als wollten sie deutlich etwas verkünden. Auch die schmalen und lang gezogenen Blätter, die an dem meterhohen Stängel wachsen, glänzen in einem reinen, frischen und satten Grün, wie man es selten sieht. Die Lilie ist von solch auserlesener Schönheit und Zartheit, dass sie schon immer als den Göttern nahe empfunden wurde. Bei den heiligen Festen Persiens wurden weiße Lilien überreicht und schmückten den Altar. In den ägyptischen Tempeln und auch im Tempel Salomos in Jerusalem waren die Säulen mit Darstellungen von Lilien verziert. Die Becken, an denen die Priester sich symbolisch reinigten, hatten die Form von Lilienblüten.

Auf vielen Bildern, auf denen der Erzengel Gabriel Maria die Geburt des Jesuskindes ankündigt, trägt er in der Hand eine große weiße

Über die Weiße Lilie hinweg verkündigt der Erzengel Gabriel Maria die Geburt ihres Kindes.

Lilie, oder er spricht über weiße Lilien hinweg zu Maria. Und manchmal sieht es so aus, als verkünde die reine weiße Blume selber die gute Nachricht. Sie heißt auch die Madonnenlilie.

In die Lilienblüte sind zwei regelmäßige Sechssterne eingeschrieben: Die Blütenkrone besteht aus zwei Kreisen mit je drei Kronblättern, die als Sechsstern zusammenstehen. Die sechs Staubblätter bilden einen zweiten Stern. Es gibt keine grünen Kelchblätter. Stattdessen bleiben die Kronblätter, solange die Blüte geschlossen ist, noch grün und bekommen ihre schöne weiße Farbe erst, kurz bevor die Blüte sich öffnet. Die Lilienblüte ist also viel einfacher gebaut als diejenigen, die wir bisher kennen gelernt haben. Auch die Lilienblätter sind ja viel schlichter als etwa die unserer Bäume; sie sind gar nicht kompliziert mit Buchten, scharfen Zähnen oder Fiedern versehen, sondern so glatt und gerade, wie ein Blatt nur sein kann. Selbst die Blattadern laufen alle ganz einfach einander parallel, ohne sich zu verzweigen.

Es ist schon erstaunlich, dass gerade die so schlicht erscheinenden Lilien die schönsten Blüten überhaupt bilden. In ihrer Einfachheit ähneln die Lilien den Gräsern, deren Blätter ganz ähnlich, deren Blüten aber ganz unscheinbar sind. Doch die Lilien lassen keine nahrhaften Früchte entstehen, nur trockene Kapseln für die Samen. Ihre gesamte Kraft geht in die schlichte und edle Schönheit.

Zu den Lilien und Lilienverwandten gehören noch viel mehr schöne Blumen. Viele von ihnen werden bei uns im Garten angepflanzt, weil man sich an ihnen so freuen kann: Schneeglöckchen, Krokusse, Tulpen, Maiglöckchen, Hyazinthen und Traubenhyazinthen, Blausternchen, Feuerlilien, Kaiserkronen, Narzissen, Herbstzeitlose – alle und noch viele weitere sind Lilien oder Lilienverwandte.

Zwar wachsen sie jetzt in unseren Gärten, kommen aber fast alle von sehr weit her, aus den Steppen Asiens, den Prärien Amerikas, dem Mittelmeergebiet oder anderen trockenen Gebieten. Was machen denn nur die Tulpen, wenn in ihrer Heimat, den Steppen Persiens, monatelang kein Tropfen Regen fällt? Sie ziehen sich unter die Erde zurück, dorthin, wo die glühende Sonne sie nicht völlig austrocknen kann, und warten auf den Regen im Winter. Den ganzen Herbst und Winter über ist von ihnen gar nichts zu sehen, denn ihre Blätter sind verdorrt. Aber nicht alle, denn unter der Erde sind noch Blätter vorhanden. Blätter unter der Erde? Gibt es denn das? Ja, die Tulpenzwiebeln, die ihr sicher schon gesehen habt, sind keine Wurzelknollen, sondern dicke, fleischige Blätter, die an einem winzigen Stängel wachsen und die den ganzen Winter über genügend Wasser aufnehmen und aufbewahren, sodass die Tulpe gleich zu Beginn des Frühlings mit den ersten grünen Blättern ihre Blüten herausstrecken kann. Schon nach wenigen Wochen vertrocknen die Blätter dann und verschwinden wieder. Diese alte Gewohnheit behalten die Tulpen bei, auch wenn sie bei uns im Garten wachsen und im Sommer gegossen werden. Sie sind eben noch immer echte Steppenpflanzen!

Die Weiße Lilie wird heute auch oft im Garten angepflanzt.

Die *Schwertlilie* ist nicht zu verwechseln mit den echten Lilien, doch ist sie wie diese eine der schönsten Blumen. Sie heißt so, weil ihre Blätter glatt und scharf geschnitten wie Schwerter aussehen. Die Blätter haben – anders als alle anderen – nicht eine flache Ober- und Unterseite, sondern die rechte und die linke Seite des Blattes sind nach oben zusammengefaltet und von Anfang an so miteinander verwachsen, dass sie senkrecht stehen, nicht waagerecht. Und da sie zu mehreren unten am Stängel ansitzen, sieht es aus, als wären mehrere Schwerter mit den Klingen nebeneinander in die Erde gesteckt.

Das Schönste aber sind die Blüten: Sie sind so zart und duftig wie Lilienblüten, aber von zartem Himmelblau. Sie formen keine Trompete, sondern wenden sich nach oben, dem Himmel zu. Dann schwingen sich die drei unteren Kronblätter in einem großen Bogen ganz nach unten wie ein weites blaues Gewand. Die drei oberen Kronblätter aber wenden sich nach oben und bilden einen Dreierbogen, der sich oben wieder trifft, sodass eine himmelblaue Kuppel entsteht. Auf jedem der drei unteren Blütenblätter findet sich eine goldgelbe Spur, die tief in das Innere der Blüte hineinführt und golden behaart ist. Auf der Suche nach Nektar folgen Hummeln dieser Spur in das Innere der Blüte.

Wegen der überirdischen Schönheit ihrer schimmernden Blüten heißt die Schwertlilie auch Iris. Iris ist die griechische Göttin des Regenbogens, die mit goldenen Flügeln an den Schuhen und einem Kleid aus Tautropfen Nachrichten der Götter zu den Menschen bringt. Der Regenbogen selber ist ja das immerfort dauernde Zeichen der Versöhnung Gottes mit den Menschen, das Gott Noah gab, als die Sintflut vorüber war. Es gibt auch gelbe, violette und rote Irisblüten – fast wie die Farben des Regenbogens selber.

Die französischen Könige nahmen drei Schwertlilienblüten in ihr Königswappen auf. Sie galten ihnen als königliches Symbol: Die Blätter standen für das kampfbereite Schwert und den Heldenmut, die Blüte für ein reines Herz und einen reinen Glauben. Heute noch gilt die Schwertlilie als königliches Symbol.

Im tropischen Regenwald

Wildfeigen

Der berühmteste und vielleicht am höchsten verehrte Baum überhaupt ist der Bodhibaum, ein Wildfeigenbaum. Als der junge Prinz Siddhartha aus dem prächtigen Palast seines Vaters geflohen war, um die Erleuchtung zu suchen, und sieben Jahre als Bettelmönch umhergezogen war und sich in Meditationen und gutem Leben vorbereitet hatte, setzte er sich unter einen großen Baum nieder, nachdem er ihn siebenmal umrundet hatte. In der Meditation der folgenden Nacht kam die Erleuchtung über ihn. In der indischen Sprache Sanskrit heißt die Erleuchtung «bodhi», und seither hieß Siddhartha «Buddha», der Erleuchtete, und der Baum hieß der Bodhibaum, der Baum der Erleuchtung. Buddha blieb sieben Wochen unter dem Bodhibaum sitzen, ohne dass ihn die glühende indische Sonne versengte, denn der Bodhibaum ist ein großer Baum mit weit ausladender und dichter, tief hinabreichender Krone, die einen tiefen Schatten wirft. Man sagt auch, die Götter hätten während dieser Zeit den Baumschatten über Buddha festgehalten, sodass er nicht mit der Sonne weiterwanderte – aber das war vielleicht gar nicht nötig.

Wenn man das Wort «Feige» hört, denkt man natürlich sofort an die süße, meist getrocknete Frucht des Feigenbaumes. Kaum jemand weiß, dass zu der Verwandtschaft der Essfeigen, der Pflanzengattung Ficus, mehr als tausend verschiedene Wildfeigenarten gehören, so viele wie zu keiner anderen Pflanzengattung der Welt. Fast alle diese Wildfeigen haben ihre Heimat – anders als die Essfeige, die im Mittelmeergebiet beheimatet ist – in den tropischen Regenwäldern

Asiens, Afrikas und Amerikas. Und von diesen soll zunächst die Rede sein.

Die Bodhibaumblätter tragen die Form vieler verschiedener Blätter in sich: Bei manchen Blättern setzt an dem Blattstiel eine herzartige Blattfläche an, etwa wie ein Lindenblatt; andere sind dreieckiger, wie ein Pappelblatt, manchmal ist der Blattrand gewellt, meist aber glatt. Alle enden, wie das Blatt vieler Regenwaldbäume, in einer lang gezogenen, manchmal ein Drittel des Blattes ausmachenden, fast nadelartigen Spitze, an der nach einer kühlen Nacht ein Tropfen Tau glänzt. Das Blatt kann unterschiedlich groß, zwischen zwanzig und dreißig Zentimeter lang sein; seine Form kann breiter, schmaler oder gespitzter sein, seine Grundform aber bleibt gleich. Beim kleinsten Lufthauch zittern die Blätter des Bodhibaumes und erinnern an die Erleuchtung Buddhas. Ein Sprössling des Ursprungsbaumes wurde bis in die damalige Hauptstadt Sri Lankas, Anuradhapura, gebracht, wo er heute zu einem riesigen Baum herangewachsen ist, der noch immer von Pilgern aufgesucht wird.

Dem Bodhibaum ähnlich ist der Banyanbaum. Seine sehr festen Blätter sind kleiner, einfach oval und ohne die lang gezogene Blattspitze des Bodhibaumes. Seine Äste machen etwas ganz Besonderes: Die kräftig-breiten, weit ausladenden Äste bilden nicht nur Zweige und Blätter, sondern auch Wurzeln. Wurzeln an einem Ast in der Luft? Ja, Luftwurzeln, die von den Ästen herunterhängen und aus der feuchten Regenwaldluft etwas Wasser aufnehmen können. Wenn diese Luftwurzeln weiter nach unten wachsen und den Boden erreichen, verzweigen sie sich und durchziehen als ganz normale Wurzeln den Boden. Der oberirdische Teil der Luftwurzel aber wird dick und dicker, sodass er allmählich eine Säule bildet, die den Ast abstützt und nach einer Weile genauso aussieht wie der eigentliche Baumstamm. Und doch ist dieser Stamm – anders als jeder normale Stamm – nicht von unten nach oben gewachsen, sondern von oben nach unten! Der

Wenn in der Trockenzeit alle Blätter abgeworfen sind, sieht man gut die vielen Stämme eines Wildfeigenbaumes.

Banyanbaum kann viele solcher zusätzlichen Stützstämme bilden; die durch sie unterstützten Äste können weiterwachsen und neue Luftwurzeln bilden, die wiederum zu Stämmen werden usw. Aus einem älteren Banyanbaum kann ein ganzer Wald von Stämmen werden, der doch ein einziger Baum bleibt. Die indischen Händler bauen gerne ihre Stände sonnengeschützt unter ihm auf, ja ein ganzes Dorf kann in seinem Schatten Platz finden. Der breiteste Baum der Welt ist ein uralter Banyanbaum auf Sri Lanka: Er besteht aus 350 dicken und über 3.000 noch dünnen Stämmen, und seine Krone hat einen Durchmesser von über 300 Metern! Als Alexander der Große mit seinem Heer Indien erreicht hatte, rastete er mit 7.000 Kriegern unter einem einzigen Banyanbaum!

In Südafrika, wo eine ähnliche Banyanbaumart wächst, hat man dagegen ein ganzes Dorf *in* den Banyanbaum oben hineingebaut: Siebzehn Hütten mit kegelförmigen Grasdächern wurden auf die starken und unterstützten Äste gebaut – und waren damit unerreichbar für die in der Nacht umherstreifenden Löwen!

Im Himalaya hat man manchmal lebende Brücken aus Banyanbäumen gebaut. Die noch nicht im Boden festgewachsenen Luftwurzeln zweier Banyanbäume, die auf gegenüberliegenden Ufern einer tiefen Schlucht wuchsen, zog man mit Seilen herüber und band sie zusammen. Nach einiger Zeit waren beide fest miteinander verwachsen, und man konnte über diese lebende Brücke den reißenden Fluss überqueren – aber nur, wer wirklich schwindelfrei war, konnte das wagen!

Noch merkwürdiger aber ist es, wie der Banyanbaum, der Bodhibaum und viele andere Wildfeigen aus ihren Samen keimen. Das geschieht nämlich nicht ganz normal in der Erde, sondern auf den nassen, moosigen Ästen von großen Regenwaldbäumen. Dort oben in der feucht-schwülen Regenwaldluft wachsen sie zu einem kleinen Pflänzchen heran, das viel zu hoch wächst, um seine Wurzeln in die Erde senken zu können. So bildet es ebenfalls Luftwurzeln, die Wasser aus der immerfeuchten Luft oder von den nassen Ästen aufsaugen können. Wenn die Luft vor Feuchtigkeit dampft und es regelmäßig regnet, wie es in den tropischen Regenwäldern der Fall ist,

Bemaltes Blatt des heiligen Bodhibaumes.

dann können die Luftwurzeln auch weiterwachsen und den ganzen hohen Stamm ihres Wirtsbaumes entlang bis hinunter auf den Boden kommen. Wenn sie den Boden erreicht haben, wachsen sie dort als ganz gewöhnliche Wurzeln weiter. Jetzt reicht also die hoch oben auf dem Ast des Wirtsbaumes sitzende, kleine Wildfeigenpflanze mit viele Meter langen Wurzeln bis in die Erde hinein, wo sie genügend Wasser und Dünger aufsaugen kann, um kräftig weiterwachsen zu können. Die Luftwurzeln am Wirtsbaum, die miteinander verwachsen, sobald sie sich berühren, sehen allmählich wie ein herabrinnender Bach oder ein Wasserfall aus. Sie werden dicker und dicker und umschließen nach einiger Zeit den ganzen Wirtsbaumstamm. Die Äste und Zweige der Wildfeige schieben sich durch die des Wirtsbaumes hindurch und über ihn hinaus. Und wenn der Wirtsbaum irgendwann abstirbt und vermodert, kann der Bodhi-, Banyan- oder Wildfeigenbaum auf seinem eigenen – hohlen – Stamm und seinen eigenen Wurzeln stehen. Der Bodhibaum wird also eigentlich im Himmel geboren und erreicht erst von dort aus die Erde. Manche Wildfeigenarten wachsen allerdings gar nicht himmlisch, sondern erdrücken ihren Wirtsbaum, weshalb sie auch Würgfeigen heißen.

Wie aber kommen denn die Samen der Wildfeigenbäume auf die Äste der Wirtsbäume? Nun, auch die Wildfeigenbäume lassen Feigenfrüchte reifen, und zwar viele und oft: zwei- bis dreimal im Jahr. Diese sind zwar kleiner als die Essfeigen, aber ebenfalls süß und sehr beliebt bei hunderten verschiedenster Tiere, die im Regenwald leben und oft in den Höhlen und Ritzen des hohlen Wildfeigenbaumes wohnen. Sobald die Wildfeigen reif sind, fliegen und eilen sie herbei: Fruchttauben, Papageien, Hornschnabelvögel oder Turakos mit ihren bunten, riesigen, aber papierleichten Schnäbeln und natürlich Meerkatzen und verschiedene Affen. Das ist ein großes Spektakel, wenn eine ganze Affenherde im Feigenbaum sitzt und die süßesten Feigen frisst! In der Dämmerung und nachts erscheinen Flughunde, die den Fledermäusen verwandt, aber viel größer sind und keine Insekten, sondern Früchte fressen und manchmal aus Blüten Nektar trinken. Auch sie kommen oft in großen Trupps und mit großem Spektakel. Das Fruchtfleisch der Feigen regt die Verdauung aller Tiere an, sodass die mitgegessenen Feigensamen recht schnell wieder ausgeschieden werden. Dann landen sie auf dem Boden oder aber auf Ästen und Baumstämmen, wo sie keimen können.

Bringt ein Vogel die Würgfeigensamen auf eine alte Mauer oder ein aus Blöcken gebautes Haus, so keimen die Samen auch dort. Die Wurzeln wachsen dann in den Ritzen und Fugen der Mauer entlang, wo sie sich wie gigantische Riesenschlangen hinabwinden. Sie werden auch so dick wie diese und noch dicker und drücken damit langsam die Mauersteine zur Seite, bis sie die Mauer gesprengt haben und nur einen Haufen Steine unter sich lassen, den sie überwachsen. Die verlassenen Tempelanlagen von Angkor Wat in Kambodscha und die Maya-Pyramiden im mittelamerikanischen Yukatan, die beide aus großen Steinblöcken gebaut sind, sind durch Würgfeigen vom Zerfall bedroht!

In Europa und den USA ist das Klima zu kühl und trocken für Würgfeigen. Sollte es aber wärmer und feuchter werden, könnten Würgfeigen zumindest in die südlichen und wärmeren Gebiete der

USA, nach Florida und Kalifornien, einwandern. Dann muss man gut auf Mauern und Häuser aufpassen!

Alle Wildfeigen können sich aber nur verbreiten, wenn sie Samen haben, und die reifen nur, wenn vorher die Blüten bestäubt wurden. Die Wildfeigenblüten werden von winzig kleinen Feigenwespen bestäubt, die in die unauffällige, fast geschlossene Blüte hineinkriechen. Jede der tausend Wildfeigenarten wird von einer anderen Feigenwespenart bestäubt, ohne die sie keine Samen bilden kann. Aber auch die Feigenwespe kann ohne ihre eigene Wildfeigenart nicht leben. So gehören beide ganz unbedingt zusammen!

Neben diesen riesigen und gewaltigen Wildfeigenarten erscheint unsere Essfeige ganz harmlos und gewöhnlich: Sie wird nur drei bis fünf Meter hoch und wächst mit ihren Wurzeln ganz normal in der Erde. Ihre ganze Kraft geht in die großen, süßen Früchte hinein, nicht in die Stämme und Wurzeln. Diese birnenförmigen Früchte sind, reif geworden, äußerst weich und von einer sehr empfindlichen Schale umgeben, sodass man sie überhaupt nicht drücken darf, will man nicht hässliche Flecken hervorrufen. Die frischen Früchte isst man am besten sofort, und nur selten werden sie einzeln weich und ganz vorsichtig eingepackt und in Kisten bis zu uns verschickt. In der heißen Sonne getrocknet, schrumpeln sie hingegen schnell zu den bekannten Trockenfeigen, die es besonders in der Weihnachtszeit gibt.

Wenn man noch einmal bedenkt, wie ihre berühmte Verwandtschaft von oben nach unten auf die Erde gekommen ist, dann kommt einem die Essfeige so recht wie eine auf die Erde gebrachte Himmelsfrucht vor.

Im Alten Testament wird geschildert, wie Eva im Paradies eine Frucht vom Baum der Erkenntnis bricht, davon isst und sie auch Adam reicht. Auf alten Bildern ist diese Frucht meist als Apfel dargestellt. Heute wissen wir aber, dass es zur Zeit Adams und Evas noch gar keine Äpfel gab – wohl aber gab es Feigen! Wenn man also das Essen vom verbotenen Baum der Erkenntnis mit einer wirklichen Frucht darstellen wollte, dann würde eine frische, reife und süße Feige viel besser passen!

Palmen

Wer sich Palmen vorstellt, denkt an tropische Südseeküsten mit weißem Strand und warmem, türkisblauem Meer mit Korallen und bunten Fischen, wo er die schönsten Ferien badend und schnorchelnd verbringen könnte. Zwar gibt es solche Palmenstrände, doch sind deren Palmen keineswegs die einzigen Palmen, die es gibt. Im Gegenteil: Die meisten der 2.800 Palmenarten wachsen gar nicht an Küsten, sondern mitten im tropischen Regenwald, wo sie sich im Halbschatten der großen Regenwaldbäume ins Licht hinaufrecken. Einige wenige, die wir noch kennen lernen werden, sind auch in Wüsten und Oasen beheimatet. Zwei Palmenarten gibt es sogar natürlicherweise in Europa, allerdings nur an den alleräußersten Enden: Im Südosten Europas, am östlichen Ufer der griechischen Insel Kreta wächst eine Dattelpalmenart; und ganz im Südwesten Europas, am südlichsten Zipfel Spaniens, in Gibraltar, wächst die Zwergpalme. (Zur Zierde angepflanzte Palmen findet man allerdings in vielen Städten Südeuropas.)

Beide Palmenarten bleiben niedrig, geradezu zwergenhaft gegenüber den tropischen Arten, denn es fehlen ihnen das Licht und die Wärme der tropischen Sonne. In den Tropen hingegen finden wir die meisten und auch die größten Palmenarten: Königspalmen werden bis zu vierzig Metern hoch.

Palmen sind an ihrem ungeheuer schlanken und grazilen Stamm, der sich leicht im Wind beugt und manchmal auch schief stehen bleibt, und an ihren typischen Blättern leicht zu erkennen. Auch tragen sie alle ihre Blätter ganz oben am Stamm als Schopf, keines sitzt irgendwo seitlich am Stamm oder anderswo. Das hängt mit ihrem ganz besonderen Wachstum zusammen: Eine junge Palme, die ein Blatt nach dem anderen bildet, hat noch keinen Stamm. Ihre zwanzig bis dreißig Blätter stehen in einem dichten Kreis um den kurzen Stängel am Erdboden. Dieser schwillt nun mit jedem neu dazu kommenden Blatt immer dicker und dicker an und kann so zehn, zwanzig oder vierzig Zentimeter dick werden. Erst wenn er seine typische Größe erreicht

Die Schöpfe dieser Dumpalmen werden oft im Sturm gezaust.

hat, fängt er schnell an in die Länge zu wachsen, sodass die nächsten neuen Blätter immer ein Stück weiter oben am Stamm sitzen, während die unteren schon wieder vertrocknen. Fast senkrecht wächst der Stamm hinauf, sodass er nach oben hin kaum oder gar nicht schmaler wird. Niemals aber wächst ein Palmenstamm später noch in die Breite – wie dies alle unsere Bäume tun. Egal wie alt er wird, er bleibt immer genauso breit wie am Anfang. Die Botaniker zählen die Palmen deswegen auch gar nicht zu den Bäumen – trotz ihrer Größe und ihres Stammes –, sondern zu den Kräutern, die allerdings riesenhaft gewachsen sind und einen holzigen Stamm gebildet haben.

Auch die Blätter der Palmen gehören zu den Riesen. Wie groß werden Blätter bei uns? Eine Handspanne vielleicht, Kastanienblätter auch etwas größer. Palmblätter aber werden mehrere Meter lang, die Blätter von Königspalmen erreichen gar zwanzig Meter Länge!

Unvorstellbar! Ein solches Blatt kann man nicht einmal allein tragen! Solche Riesen kann es bei uns nicht geben, sondern nur unter der gleißenden Tropensonne!

Trotz ihrer Größe sind die Palmblätter recht einfach aufgebaut: Ihre Adern verlaufen alle einander parallel, wie bei den Gräsern, Lilien und Orchideen, mit denen sie auch verwandt sind. Wenn ein Blatt noch ganz klein ist, ist es der Länge nach wie ein langes Blatt Papier abwechselnd nach rechts und links zusammengefaltet. Später erst faltet es sich auf und reißt an den Faltkanten auf, sodass ein geschlitztes Blatt entsteht. Nur an der Blattbasis bleiben die Fiedern verwachsen, sonst würden sie ja ganz auseinander fallen. Nur zwei Blatttypen gibt es: Entweder wachsen die Blattfiedern von einem gemeinsamen Punkt aus wie die Finger einer Hand («Palma» heißt lateinisch «die Hand») oder die Falten eines Fächers; oder sie sitzen an einer langen Mittelrippe, wie bei einer Feder. So einfach ist der Blattaufbau bei allen Palmen, obwohl es so viele verschiedene Palmenarten gibt.

Ein Schopf von Palmblättern besteht aus jungen und älteren Blättern. Die jüngsten Blätter ragen senkrecht nach oben, die etwas älteren neigen sich lässig zur Seite und nach unten, während die alten schon vertrocknet nach unten um den Stamm herum anliegen. So sieht ein Palmblätterschopf von ferne wie ein sprudelnder, grüner Wasserquell aus, besonders wenn er vom Wind hin- und hergeschaukelt wird. Obwohl der ganze Schopf so weich und bewegt aussieht, sind die einzelnen Blätter unglaublich fest und stabil, fast so hart wie Blech, und mit dornartigen Spitzen versehen. Da muss man gut aufpassen! Man benutzt die Blätter gerne, wo man etwas recht Festes braucht: um Dächer damit zu decken oder robuste Matten aus ihnen zu flechten. Doch auch fast alle anderen Teile der Palmen kann man für etwas gebrauchen, bei jeder Palmenart etwas anderes. Zwei Palmenarten wollen wir uns daher genauer anschauen.

Kokospalmen wachsen tatsächlich – so wie man es sich vorstellt – an den Küsten der Südseeinseln, von wo sie wahrscheinlich ursprünglich stammen. Oft wachsen sie so dicht am Ufer, dass sie und ihre Wurzeln von dem schäumenden Meer am Sandstrand umspült werden. Sie müssen also das salzige Meerwasser gut vertragen können – was nur wenige Landpflanzen können. Das Meer gehört unmittelbar zu den Kokospalmen hinzu: Es verbreitet ihre schweren Früchte, denn trotz ihres Gewichtes von mehreren Kilogramm können sie gut schwimmen! Jeder weiß, wie eine Kokosnuss aussieht, aber die ganzen Kokosfrüchte sieht man selten. Sie haben eine feste, glatte, grüne Schale, die wasserdicht ist. Das «Fruchtfleisch» darunter ist, wie bei der Mandel, dürr und trocken und enthält viel Luft, ist also der «Rettungsring» der Kokosnuss, der sie schwimmfähig macht. Die eigentliche Kokosnuss ist der riesige Same im Inneren der Frucht, der außen eine steinharte Schale besitzt, innen aber voller Nahrung ist. Diese Nahrung reicht für die kleine Kokospalme, die aus dem Samen wachsen soll, länger als ein Jahr. Es ist die süße Kokosmilch, die man trinken kann, wenn man eine noch unreife Kokosnuss anbohrt. Bohrt man hingegen eine schon reife Kokosnuss an, so hat sich aus der süßen Milch das frische, weiße Kopra auf der Innenseite der Schale niedergeschlagen. Daher schmeckt die Kokosmilch jetzt recht fade, die Kopra aber sehr lecker.

Die Kopra wird aus der geöffneten Kokosnuss von der Schale abgebrochen, in der Sonne getrocknet und kann zu Kokosraspeln gemahlen und in Kuchen oder Keksen verbacken werden. Da Kopra sehr viel Fett enthält, kann man dieses auspressen und als Koch- oder Bratfett oder für Margarine verwenden. Kokosfett ist weiß und fest und wird auch gerne für Waffelfüllungen verwendet, weil es im Mund schmilzt und dabei angenehm kühlt.

Aus Kokosfettresten kocht man Seife und Waschmittel. Selbst die harten Kokosnussschalen kann man verwenden: poliert als Holzknöpfe oder einfach zum Heizen. Die groben Fasern der trockenen Frucht lassen sich verspinnen, sodass man feste Seile und Taue, widerstandsfähige Teppiche und robuste Matten aus ihnen drehen und weben kann.

Normalerweise fallen die Kokosfrüchte von selber herunter, werden von den Wellen des Ozeans mitgenommen und können an einer anderen Küste angespült werden, wo sie dann keimen. Bis zu 4.500 Kilometer können sie getrieben werden, ohne zu verfaulen. So hat die Kokosnuss fast alle tropischen Küsten erreicht.

Will man Kokosnüsse aber nicht im überreifen, sondern im reifen Zustand ernten, darf man nicht warten, bis sie herunterfallen, sondern muss sie pflücken. Das ist gar nicht so einfach bei einem bis zu dreißig Meter hohen Stamm, der keine Äste hat, an denen man sich festhalten könnte, denn die Früchte hängen ganz oben in den Achseln der großen Blätter. Entweder bindet man große Messer an riesig lange Stangen, oder man muss selbst hinaufklettern. Die Kokosnusspflücker klettern mit nackten Füßen den geriffelten, aber sonst glatten Stamm hinauf, drehen, wenn sie oben angekommen sind, jede Frucht mit einem schnellen Griff ab und werfen sie hinunter. Zum Glück haben diese ihre gepolsterte Fruchthülle, sonst würden sie beim Aufprall zerbrechen. Weil das Pflücken eine mühsame und gefährliche Arbeit ist, hat man versucht, Affen beizubringen, Kokosnüsse zu ernten. Das ist keine einfache Aufgabe, da sie reife von unreifen oder verfaulten Früchten unterscheiden müssen, den richtigen Dreh lernen müssen, um die Kokosnuss von ihrem Stiel abzudrehen, und außerdem den großen Korb treffen sollen, der am Fuß der Palme steht. Nur Schweinsaffen – sie heißen wegen ihres kurzen Ringelschwanzes so – lernen das. In Thailand und Malaysia gibt es richtige Schulen für sie! Manchmal stoßen die Affen zwischen den Kokosnüssen auf einen Palmendieb. Das ist ein über dreißig Zentimeter großer Krebs, der die Palmstämme hinaufklettert, Kokosnüsse mit seinen Scheren abzwickt, wieder herunterklettert und nun erst die grüne Fruchtschale aufschneidet und anschließend mit seinen gewaltigen Scheren die steinharte Kokosnuss aufknackt und verspeist. Was für Scheren müssen das sein! Die Schweinsaffen haben jedenfalls vor diesen Scheren gehörigen Respekt! Schüttelt man aber die Kokospalme, so fällt der Palmendieb herunter.

Die *Rattanpalmen* erkennt man nicht leicht als Palmen: Ihre Stämme wachsen so lang und dünn, dass sie nicht lange aufrecht stehen können und bald umfallen. Rattanpalmen stehen im dichten Regenwald Südostasiens, und ihre Blätter haben scharfe, rückwärts gewandte Haken an den Enden. Deshalb verhaken sie sich, wenn sie umfallen, in Äste und Zweige der umstehenden Bäume. Auch sind die Blätter nicht schopfartig wie bei allen anderen Palmen gewachsen, sondern spiralig entlang dem langen Stamm verteilt. Im Wind pendeln diese Blätter mit den Haken an ihren Spitzen so lange hin und her, bis sie sich an anderen Bäumen einhaken. So können die Rattanpalmen als Lianen durch den Regenwald wachsen und dabei vierzig bis neunzig Meter, manchmal sogar über hundertfünfzig Meter lang werden – das sind die längsten Stängel, die es gibt!

Dabei bleiben diese «Stämme» trotz ihrer unvorstellbaren Länge sehr dünn. Meist sind sie nicht dicker als zwei bis fünf Zentimeter. Wenn man Rattanpalmen fällt und in mühsamer Arbeit die alten, vertrockneten und stacheligen Blätter von dem Stamm entfernt, erhält man die schmalen, glänzend gelben Stämme. Sie sind dort, wo die Blätter ansaßen, geringelt. Schält man flache, lange Streifen ab, erhält man Bänder, mit denen man z.B. Stuhllehnen bespannen kann. Das beim Abschälen übrig bleibende runde Innenrohr ist das bekannte Peddigrohr, aus dem man vielerlei flechten kann. Schält man die Rattanpalmstämme nicht, sondern verwendet sie ganz, so kann man die schönen Rattanbänke, -stühle und -tische aus ihnen biegen. Denn anfangs ist das Lianenholz feucht, weich und biegsam und härtet erst aus, wenn es trocknet.

Die lebende Rattanpalme muss durch diesen äußerst langen Stamm selbst zu den obersten Blättern immer Wasser leiten, sonst würden diese vertrocknen. Durchtrennt man einen solchen Lianenstamm mit einem kräftigen Machetenhieb, so fließt das Wasser heraus, und das kann man gut trinken – aber nur in Notfällen; sonst lässt man die Rattanpalme lieber wachsen!

Eine weitere wichtige Palme ist die *Ölpalme*, die in Westafrika ihre Heimat hat, heute aber auch in Malaysia, Indonesien und China angebaut wird. Ihre Früchte sehen wie kleine goldbraune, schuppige

Ananasfrüchte aus und enthalten Palmöl, das sich gut auspressen und – ähnlich wie das Kokosfett – als Koch- und Bratfett, aber auch für Margarine, Seife und Shampoos verwenden lässt.

Zu uns nach Europa werden nur die besonders auffälligen Teile der Palmen verschickt: Kokosnüsse, Öl und Palmfasern. Für die Menschen der Südsee bedeuten Palmen jedoch sehr viel mehr: Sie bieten ihnen alles, was sie brauchen. Ein Südseeinsulaner, der zweihundert Kokospalmen sein Eigen nennt, hat genug für sein ganzes Leben: Palmstämme und Palmblätter für den Bau seines Hauses, Palmfasern für Matten und Läufer, harte Blattrippen für Besen, Körbe und Bürsten; Kopra und Palmherzen, die jungen Blätter und Sprossspitzen, die das ganze Jahr über reifen, als leckeres Essen, dazu den Wind, der durch die Palmkronen rauscht, und den Blick über den Sandstrand und das türkisblaue Meer. Was braucht man mehr? Kuba und Haiti tragen eine Palme in ihrem Wappen. In Indien heißt die Palme der «Baum des Himmels».

Als am Sonntag vor Ostern Christus in Jerusalem einzog, schnitten die Menschen Palmwedel ab und legten sie ihm als Friedenszeichen auf den Weg, damit er auf ihnen mit der Eselin reiten könne. Seitdem heißt der Sonntag vor Ostern der Palmsonntag. Das waren allerdings *Dattelpalmen*, die nicht im Regenwald vorkommen, sondern in vielen Wüstenoasen angebaut werden.

Orchideen und Vanille

Wer noch nie im tropischen Regenwald, im Urwald Afrikas, Südamerikas oder Südostasiens, gewesen ist, stellt sich vielleicht vor, dass dort überall farbenprächtige und seltsame, auffällige Blumen wachsen würden. Die großen *Orchideenblüten* in Gewächshäusern und Blumenläden kommen ja fast alle aus dem Urwald. Wer dann wirklich zum

Orchideenblüten haben oft eine besonders bizarre Form.

ersten Mal den tropischen Regenwald betritt, wird bitter enttäuscht sein, denn er wird gar keine Orchideen oder andere bunte Blumen entdecken. Auf dem dunklen Boden liegt ein wenig altes Laub, aber dort sprießt kein grünes Blatt und schon gar keine Blüte. Schaut man nach oben in die dunkelgrünen Kronen der gewaltig aufragenden Urwaldriesen hinein, so blickt man auf dicke Äste und so viele Blätter, dass kaum ein Fleckchen Himmelsblau hindurchschimmert. Auch die Baumwipfel sind nicht zu erkennen, so hoch sind sie und von so vielen Ästen und Laub verdeckt. Blüht es vielleicht in den Bäumen? Nichts zu sehen! Geht man weiter, so findet man vielleicht auf dem dunklen Boden vor den eigenen Füßen eine korallenrote Blüte. Woher kommt sie? Sie muss doch aus den Baumkronen gefallen sein, vielleicht von einer Meerkatze oder einem Schimpansen abgeknickt, der über einen der oberen Äste geklettert ist, denn nur ganz oben, auf den obersten

Ästen der Urwaldriesen, wo die kräftige Tropensonne brennt, nur dort wachsen die Orchideen.

Hier oben um die Blüten fliegen auch farbig schillernde Schmetterlinge und die grell bunten Papageien – auch sie sind nicht von unten zu sehen, selbst wenn man sie schon von weitem kreischen hört. Lange waren die Baumwipfel mit ihren Orchideen, Vögeln und Schmetterlingen völlig unbekannt. Erst als man mit Bergsteigerseilen die höchsten Wipfel erkletterte, entdeckte man diese farbige Blumen- und Tierwelt.

Unterdessen hat man auf der ganzen Welt über 25.000 verschiedene Orchideenarten entdeckt: rot, violett, gelb, weiß, grün oder mehrfarbig blühend – kurz, in der herrlichsten Farbenpracht, die man sich vorstellen kann. Es gibt winzig kleine, aber auch strotzend große Blüten, groß wie eine Hand. Sie haben die ungewöhnlichsten und merkwürdigsten Formen. Manche sitzen auf ihren dünnen, schwankenden Blütenstielen wie bunte Heuschrecken oder eine lauernde Spinne; aus anderen ragt eine schlanke, hohle Wölbung hervor wie ein zierlicher, bunter Schuh: die Frauenschuhorchideen; andere prunken wie ein spitzer, grüner Krug oder ein Schwarm knallig-oranger Schmetterlinge, der sich auf einem dünnen Zweig niedergelassen hat.

Man muss schon Botaniker sein, um zu erkennen, dass diese verwegensten aller Blüten mit den schlicht-schönen Blüten der Lilien und den unauffälligen Grasblüten verwandt sind. Alle diese Blüten bilden ursprünglich einen Sechsstern. Bei den Orchideen aber sind die Blütenblätter, die Staubblätter und die Fruchtblätter so miteinander verwachsen, dass man sie kaum noch unterscheiden kann und – wenn überhaupt – dann nur noch einen ganz verzerrten, monströsen Stern in ihren Blüten erkennen kann. Ja, eigentlich sehen sie eher wie ein Tier als wie ein Stern aus.

Selbst manche Bienen erkennen die Orchideen nicht als Blüte. Sie halten sie für eine fremde Biene, wollen sie mit Schwung aus ihrem Revier vertreiben und rammen dabei mit ihrem Kopf gegen die Staubblätter. Dabei bleibt ein dickes Pollenpaket an ihrem Pelz kleben, das sie bei der nächsten Blüte – der nächsten vermeintlichen Biene – wieder abstreifen und so die Orchidee bestäuben.

Manche Orchideen duften so stark, dass große, schillernd glänzende Bienen das Duftöl aus ihnen aufsaugen und sich selber eine Art Parfüm daraus machen. Die meisten Orchideen im Regenwald werden aber von winzigen Kolibris aufgesucht, die flügelschwirrend in der Luft vor der Orchideenblüte wie ein Miniaturhubschrauber schweben bleiben und mit ihrem langen, nach unten gekrümmten Schnabel und der noch längeren Zunge den Nektar aus der Blüte schlürfen.

Einige Orchideen verstecken ihren Nektar in einem so langen, dünnen Sporn, dass er für Kolibris nicht erreichbar ist; bei *einer* Orchideenart ist er anderthalb Fuß lang, 45 Zentimeter! Als man diese Orchidee in Madagaskar gefunden hatte, überlegte man, wer wohl den Nektar heraussaugen könnte. Niemand kannte ein Tier, das einen solch langen und dabei so dünnen Rüssel hatte. So vermutete man, dass es ein unbekannter Schmetterling sein müsse, den man erst noch entdecken müsste. Und tatsächlich fand man bald darauf einen Schwärmer, einen Nachtfalter, der wie Kolibris auf einer Stelle schweben kann, mit einem 45 Zentimeter langen Rüssel! (Natürlich rollt der Schwärmer den empfindlichen Rüssel nur zum Nektarsaugen aus.)

Wer nun meint, dass aus solch wundersamen und prächtigen Blüten die schönsten, saftigsten und nahrhaftesten Früchte und Samen reifen, der irrt sich gründlich! Alle Früchte der 25.000 Orchideenarten sind – mit *einer* Ausnahme – trocken, dürr und ungenießbar. Zwar stecken in diesen dürren Früchten viele Millionen Samen, doch können auch diese niemanden ernähren, da sie mikroskopisch klein sind. Wie Staub bläst sie der Wind davon. So winzig klein sind sie, dass sie nicht einmal genügend Reserven haben, dass eine neue Orchidee aus ihnen wachsen könnte, was ja die eigentliche Aufgabe von Samen wäre. Erst wenn ein Pilz sich dazugesellt, den Orchideensamen umwächst und ihm von seinen Nährstoffen etwas abgibt, erst dann kann der Orchideensame keimen. Dies geschieht auf den regenfeuchten, größeren oder kleineren Ästen der Urwaldriesen, wo aus dem Samen eine klebrige Wurzel hervorbricht und sich an dem Ast festheftet. Die kurzen Wurzeln schmiegen sich an den Ast, denn Erde gibt es ja so hoch oben nicht. Bei manchen Orchideen recken sich die Wurzeln nach oben und stellen sich zu einer Art Fangkorb zusammen, in dem sich altes Laub sammelt und zu Humus verrottet. Die meisten Orchideenwurzeln nehmen aber nur Staub und Feuchtigkeit aus der Luft auf. So müssen sie mitten im strotzend wuchernden Regenwald mit wenigen Krümchen Erde auskommen. Und inmitten der immerwährenden Feuchte leben sie doch an dürren Stellen, die nach einem Regenguss ganz schnell wieder trocknen, sodass es für sie sehr schwer ist, genügend Wasser aufzunehmen. Die meisten Orchideen blähen daher ihre Stängel zu dicken, grünen Knollen auf, in denen sie wie in einem Tank Wasser für trockene Zeiten aufbewahren.

Die Orchideenblätter sind einfach geformt wie Lilienblätter, aber oft so unauffällig und winzig klein, dass man sie buchstäblich mit der Lupe suchen muss. Ja, bei manchen Orchideen fehlen sie ganz und gar; nur die Wurzeln sind statt ihrer grün und nehmen das lebensnotwendige Licht auf. So sind die Orchideen – trotz ihrer Verwandtschaft – das völlige Gegenteil der Gräser. Alles bleibt klein und mager, die ganze Kraft geht nur in die Blüten hinein, in die ganz besondere, oft etwas merkwürdige, seltsame und gar nicht lilienartige Schönheit der Blüten, sodass für die Ernährung von Tieren und Menschen keine Kraft mehr bleibt.

Die einzige Ausnahme, die einzige Orchideenfrucht, die man genießen kann, ist die *Vanille*. Zwar wird man auch von ihr nicht satt und es sind nur Geruch und Geschmack, die sie uns schenkt, aber der echte Vanillegeschmack ist dafür auch etwas besonders Kostbares.

Die Heimat der Vanille ist der Regenwald Mexikos. Dort wächst sie als junge Pflanze – ganz normal – mit den Wurzeln im schattigen Regenwaldboden. Ihr Stängel mit den ovalen Blättern streckt sich lang und immer länger, kann aber die Vanillepflanze nicht genügend stützen und müsste umfallen. So streckt er Luftwurzeln aus, mit deren Hilfe er sich an den Ästen der Regenwaldbäume festhalten kann.

Auch nehmen diese Luftwurzeln aus der Luft Staub und Feuchtigkeit auf und ernähren die Vanille damit. Der Stängel streckt sich bis zu zwanzig Meter lang und rankt und klettert immer weiter in die Baumkronen hinein, bis er schließlich so weit hinaufgekommen ist, dass er seine Wurzeln im Boden ganz «vergisst». Sie sterben ab, und die Vanille klettert mit Stängel, Blättern und Luftwurzeln immer weiter durch den Regenwald.

Ihre fünf bis sieben Zentimeter großen, seltsam geformten, grünlich-weißen Blüten öffnen sich nur für wenige Stunden am Vormittag und werden von stachellosen Bienen besucht und bestäubt. Aus den bestäubten Fruchtblättern reifen die zuerst grünen, später gelblichen, bis zwanzig Zentimeter langen, aber ganz dünnen Früchte, ähnlich sehr dürren Bohnenschoten. Noch riechen sie gar nicht nach Vanille. Erst wenn sie abwechselnd getrocknet und mit feuchter Luft gedämpft wurden, wird die Vanilleschote schwarz, und ihr köstliches Aroma reift aus.

Pflanzt man Vanille an, so muss man dafür sorgen, dass der Stängel nicht allzu hoch in den Baumkronen des Regenwaldes verschwindet. In so einer Pflanzung gibt es nicht überall die stachellosen Bienen. So können die Blüten dort nicht bestäubt werden. Ohne Bestäubung gibt es aber keine Vanilleschoten! Deshalb bestäuben die Vanillepflanzer die Blüten mithilfe eines kleinen Pinsels. Das ist eine mühsame Arbeit, zumal die Vanille das ganze Jahr über blüht, ihre Blüten also jeden Vormittag bestäubt werden müssen. Deshalb ist echte Vanille ein sehr teures Gewürz.

Oft nimmt man heute statt echter Vanille nur Vanillin. Es hat mit der Orchidee nichts zu tun. Man bekommt es, indem man Fichtenholz zerkocht und chemisch zersetzt. Die echte Vanille bildet ja kein Holz, sondern nur eine Vorform des Holzes, und diese hat den Vanillegeschmack. Beim Zersetzen des Fichtenholzes macht man den Holzbildungsvorgang wieder rückgängig, sodass man etwas Ähnliches wie Vanille bekommt: Vanillin. Echte Vanille schmeckt jedoch reichhaltiger und viel intensiver. Man erkennt deshalb echte Vanille leicht am Geschmack, aber auch schon äußerlich an den kleinen schwarzen Pünktchen in sehr gutem Vanilleeis oder Vanillepudding. Das sind die zermahlenen schwarzen Schoten und Samen. Wenn man sie sieht, kann man daran denken, wie eine Orchidee sich durch den tropischen Regenwald schlingen musste, damit wir dieses feine Aroma schmecken können!

Auch in Europa wachsen *Orchideen*, allerdings nicht auf Bäumen, sondern ganz normal mit einfachen grünen Blättern und ihren Wurzeln im feuchten Wiesenboden oder inmitten der Macchie des Mittelmeergebietes. Im Frühling blühen ihre weißen oder grünlichen, violetten oder bunt gefärbten Blüten, die oft nur einen halben bis zwei Zentimeter groß werden. Wer sich die Mühe macht, sie genau zu betrachten, wird auch bei ihnen Blüten finden, die wie Tiere, wie Hummeln oder Bienen, aussehen. Andere duften ganz wunderbar – manche sogar nach Vanille!

Mimose

«Wie eine Mimose», sagt man von manchen Menschen, die besonders sensibel und empfindlich auf Unfreundlichkeiten reagieren und sich schnell zurückziehen. Was ist eine Mimose?

Mimosen sind sehr zart gebaute Pflanzen mit dünnem Stängel und hellgrünen, fein gefiederten Blättern mit etwa dreißig schmalen, ovalen Fiederchen an jedem Blatt. Stößt man unsanft gegen diese Fiedern, so legen sie sich paarweise an die Mittelrippe des Blattes flach an. Bei gröberen Stößen legen sich alle Blattfiedern zusammen, und schließlich klappt das nun ganz schmal zusammengefaltete Blatt vollständig nach unten. Bei schweren Stößen sinken alle Blätter gleichzeitig innerhalb einer Sekunde nach unten, sodass die ganze Pflanze nur noch aus dem Stängel und den schmalen Blattrippen zu bestehen scheint.

Die Mimose beginnt gerade ihre vordersten Blattfiedern zusammenzufalten.

Lässt man sie in Ruhe, so richten sich die Blätter nach ungefähr einer halben Stunde wieder auf. Wird es dann am Abend dunkel, so neigen sich die Blätter, auch ohne dass sie berührt wurden, nach unten in die Schlafstellung.

Warum ist die Mimose so empfindlich? Schauen wir einmal an, wo sie wächst: am Boden des tropischen Regenwaldes Amerikas, aber nicht unter den Bäumen, in deren schützendem Schatten, sondern auf offenen Lichtungen, die vielleicht ein krachend umstürzender Urwaldriese mit gewaltigem Donnern in das Kronendach gerissen hat. Hier reckt die Mimose ihre zarten Blätter der kräftigen Tropensonne entgegen. Das gefällt ihr, und sie wächst rasch der Sonne entgegen. Stürzt aber nachmittags ein heftiger Tropenguss vom gewitterschwarzen Himmel herab, so prasseln die großen, schweren Tropfen, ohne von den Urwaldbäumen abgebremst zu werden, auf die kleine Mimose herab. Sie würden sie zerreißen und zerfetzen, wenn sie nicht beim ersten Tropfen, der ihre Blätter trifft, alle Blätter schnell zusammenklappen und sich so der Gewalt des Tropengewitters entziehen würde.

Nicht jeder, der mimosenhaft reagiert, ist überempfindlich. Mancher muss auch mit besonders rauen und garstigen Verhältnissen zurechtkommen.

Wer dies beobachten möchte, kann Mimosensamen aus dem Gartencenter im Frühling aussäen und die keimenden Pflänzchen an ein helles Fenster stellen. Die Mimose stellt an den Boden keine großen Ansprüche. Wer sie also gut pflegt, kann schon bald beobachten, wie sich ihre kleinen rosa Blütenköpfchen entfalten, die wie die Blüten der Akazie aussehen, mit der die Mimose auch verwandt ist. Im Herbst kann man aus den borstigen, gedrehten Schoten die Samen ernten und im nächsten Frühjahr wieder aussäen. Niemals aber darf die Mimose lange Zeit im Dunklen oder auch nur im Halbdunkeln stehen. Dann lässt sie ihre zarten Blätter hängen. Und wenn das zu lange dauert, richtet sie sie gar nicht wieder auf.

Ein unglaubliches Paar

Nicht alles, was im Regenwald wächst und blüht, ist schön und harmonisch. Es gibt auch ganz außerordentlich Merkwürdiges:

Im südostasiatischen Regenwald, vor allem auf den Inseln Malaysias, wachsen nicht nur Palmen und Regenwaldbäume mit Orchideen auf ihren Ästen, dazwischen ranken sich auch lange, windende Lianen – so auch ein Verwandter des Weines, wie wir ihn ähnlich in unseren feuchten Auwäldern finden können. Er schlingt sich mit seinem dünnen Stängel und vielen elegant gefiederten, wie schlanke Finger einer Hand ausgestreckten Blättern hoch in die Baumkronen hinein. Seine unauffälligen, winzig kleinen Blüten sieht man fast nie, da sie weit oben in den Bäumen blühen, wo auch die ungenießbaren kleinen Früchte reifen. So scheint dieser elegante Wein fast nur aus Stängel und Blättern zu bestehen.

Manchmal jedoch schwillt ganz unten an dem holzigen Stängel (oder sogar an einer Wurzel) eine Stelle an, wie eine kleine Knospe zunächst, die größer und größer wird, wie ein Tischtennisball, dann wie eine Orange, eine feste, geschlossene Knospe, der man nicht ansieht, was aus ihr wohl werden wird. Sie schwillt über Monate hinweg immer mehr an, bis sie die Größe und Form eines Kohlkopfes erreicht hat – ein dunkelbraun-roter Rotkohl – und schließlich die Größe eines Medizinballes! Nach neun Monaten – so lange, wie ein Baby für seine Entwicklung bis zur Geburt braucht – löst sich im Dunkel einer regnerischen Nacht schließlich das Rätsel: Gegen Mitternacht, im rauschenden Tropenregen, platzt die Riesenknospe auf, und eine Blüte erscheint – eine Blüte, so gigantisch, dass der erste Botaniker, der sie sah, froh war, dass er nicht allein war, denn sonst hätte ihm wohl niemand geglaubt.

Fast einen ganzen Meter misst die Blüte im Durchmesser! Fünf (manchmal zehn) plumpe, rundliche, fleischige Kronblätter, jeweils von der Größe eines Rhabarberblattes, bilden den Blütenkranz. Sie sind dunkelbraunrot gefärbt und mit durchscheinend weißen Flecken übersprenkelt. Im Inneren stehen entweder Staubblätter oder Fruchtblätter. Bis zu zehn Kilogramm kann diese größte und schwerste Blüte der Welt wiegen! Wie gut, dass sie ganz unten am Stängel sitzt oder sogar aus der Erde herausschaut, sonst würde sie wohl abbrechen!

Welches Tier mag wohl eine solche «Elefantenblüte» besuchen und bestäuben? Ein besonders riesiges? Und wie riecht sie wohl, die «Monsterblüte»? Vorsicht, nicht zu nahe mit der Nase herangehen! Sie stinkt, und zwar ganz abscheulich nach verfaulendem Fleisch und Aas! Hierher kommen natürlich keine Bienen oder Schmetterlinge geflogen, nein, die stinkende Blüte ist wie ein Haufen Kot von metallisch glänzenden Schmeißfliegen umschwirrt, die eine günstige

Die Riesenblüte der Rafflesia.

Gelegenheit wittern, ihre Eier abzulegen. Sind sie einmal auf der Blüte gelandet, spüren sie einen zweiten, viel besseren Geruch nach getrockneten Aprikosen oder Pfirsichen. Zwischen zahlreichen borstigen Haaren hindurch werden die Schmeißfliegen genau einen schmalen Weg zu dem Duft hingeleitet, wo eine unerschöpfliche Menge Nektar auf sie wartet. Der Weg zwischen den Haaren hindurch ist aber kein zufälliger, sondern dabei streifen sie, ohne es zu bemerken, von den Staubblättern den Pollen ab, der aber nicht feinpulverig herabrieselt, sondern wie ein dicker Brei auf ihrem Rücken kleben bleibt. Wenn sie später eine andere Blüte mit Fruchtblättern besuchen, so streifen sie den Pollen dort an den Narben ab und bestäuben damit die Blüte.

Nach wenigen Tagen welkt die Riesenblüte zu einer schwarzen, schleimigen Masse dahin und fällt in sich zusammen. Nur die Fruchtblätter reifen aus. Einige Wochen später sind sie zu einer fünfzehn

Zentimeter dicken, runden Frucht mit weichem Fleisch und tausenden kleiner, hartschaliger Samen angeschwollen. Spitzhörnchen und Streifenhörnchen fressen gerne von dem süßen Fruchtfleisch. Die Samen können sie nicht verdauen und scheiden sie später irgendwo wieder aus, vielleicht auf einer Weinpflanze, wo das Ganze wieder von vorne … aber Halt! Was wissen wir denn von dieser sonderbaren Blüte? Ist es eine Weinblüte? Ganz sicher nicht, denn der Wein hat die vielen, ganz anders aussehenden, unauffälligen Blüten, von denen schon die Rede war. Ist es eine eigene Pflanze mit Blättern, Stängel und Wurzeln? Nichts davon ist zu sehen! Erst sehr genau untersuchende Botaniker haben entdeckt, dass diese Pflanze Wurzeln hat – aber nicht in der Erde, sondern im Inneren des Weinstängels! Hauchdünne, bleiche, pilzartige Würzelchen durchziehen den Stängel des Weins und saugen aus seinem Inneren Wasser, Mineralsalze und den süßen Zuckersaft, den dieser in seinen Blättern gebildet hat.

Rafflesia – so heißt die seltsame Pflanze nach ihrem Entdecker, Sir Thomas Stamford Raffles – ist also ein Schmarotzer, der keine eigenen Blätter hat und damit keinen eigenen Zuckersaft bildet, sondern von den Säften des Weines in dessen Inneren das ganze Jahr über unsichtbar lebt und nur zur Blütezeit durch seine gigantischen Blüten auffällt! Die Botaniker waren perplex, als sie dies entdeckten!

Das ist nun wirklich ein unglaubliches und absolut ungleiches Paar, der lange, schlaksige Wein, der fast nur aus Stängel und Blättern besteht, und die blatt- und stängellose, dicke und fleischige Riesenblüte! Ein schönes Paar sind sie ja nicht, aber ein hoch interessantes und noch dazu seltenes! Denn fast nie gelingt es, den Wein und Rafflesia im Gewächshaus oder im Botanischen Garten zu halten und zum Blühen zu bringen. Sie wachsen nur an wenigen Stellen des malayischen Regenwaldes und brauchen diesen als ihre Heimat, um leben zu können. Wir sollten diesen Regenwald erhalten, um die größte Blüte der Welt und das seltsame Paar auch später noch sehen zu können!

Bambus

Im Regenwald wächst kein Gras, dazu ist es dort viel zu schattig und dunkel am Boden. Doch an Stellen, wo der Sturm einen oder mehrere Baumriesen umgebrochen hat, kann ein ganz besonderes «Gras» auftreten: der *Bambus*.

Bambus gehört tatsächlich zu den Gräsern, und seine Stängel und Blätter sind genauso aufgebaut: aus einzelnen Stängelabschnitten mit Knoten, an denen jeweils ein Blatt sitzt, dessen untere Hälfte um den Stängel herumwächst, während seine obere Hälfte die eigentliche abstehende Blattfläche ausmacht. Der große Unterschied ist, dass der Stängel nicht weich und zart bleibt, sondern zu festem Holz verhärtet, von außen aber wunderbar glatt und poliert aussieht. Dieses ganz besondere Holz lagert, anders als alle anderen Hölzer, sehr viel Quarz-Kiesel ein und bleibt viel lebendiger als normales Holz, wodurch es hart, aber elastisch, scharf, aber biegsam wird und trotzdem in der Längsrichtung sehr gut zu spalten und zu bearbeiten ist. Es gibt eigentlich nichts, was man nicht aus den schönen goldgelben oder dunkelgrünen, glänzenden Bambusstängeln bauen könnte: Wasserleitungen, Baugerüste, aber auch ganze Häuser, einschließlich der Dächer; Werkzeuge zum Graben, Feuermachen, Waffen wie Messer und Pfeile, aber auch die dazugehörigen Bögen; Angelruten, doch auch Bambusflöten und die zierlichen, schönen Geräte, die man für die traditionelle japanische Teezeremonie gebraucht, oder feinste durchbrochene Fächer – und etwas, was äußerst genau angefertigt werden muss: Seit Jahrtausenden schnitzt man – schon lange, bevor man den Schreibpinsel erfunden hatte – aus den Bambusstängeln schmale oder breite Schreibfedern. Auch heute noch werden die oft sehr großen chinesischen oder japanischen Schriftzeichen, wenn sie besonders schön werden sollen, mit der Bambusfeder geschrieben. Außerdem ist Bambus eine hoch geschätzte Speise: Bevor die Bambusstängel aus der Erde hervorsprießen, sind sie als dicke Sprossen angelegt, die noch zart, weich und gar nicht verholzt sind. Gräbt man sie aus, kocht sie

Zierlich gefärbte Stängel eines großen Bambus.

und schneidet sie in Streifen, so ergeben sie eine Delikatesse: die bekannten Bambussprossen!

«Auf eine Mahlzeit kann man verzichten, aber ein Haus muss Bambus haben. Fehlt es an Essen und Trinken, werden wir dünn. Fehlt es an Bambus, verlieren wir die heitere Gelassenheit.» So heißt es in China. Kein Wunder, dass der Bambus in Asien als der Freund des Menschen, ja als sein Bruder gilt. Die Chinesen verwenden sogar ein und dasselbe Schriftzeichen für Bambus und für Lachen. Denn der Bambus lacht, wenn er sich elastisch im Wind biegt und mit den feinen Blättern rauscht. Und er lacht, wenn ausnahmsweise der Winter einmal so streng ist, dass der Bambus verschneit mit weißer Mütze dasteht. Der Bambus beugt sich unter der schweren Last, dann wirft er sie ab und richtet sich wieder auf und – lacht!

Kommt der Bambusspross aus der Erde heraus, so tut er dies mit ungeheurer Geschwindigkeit. Setzt man einen Stock mit einer Markierung daneben, so kann man verfolgen, wie viele Zentimeter dies am Tag sind: oft zehn oder zwanzig! Der Rekord wird von einer besonders großen und im besonders feuchten und heißen Regenwald lebenden Art gehalten: 96 Zentimeter, fast einen Meter am Tag! Da kann man fast schon dabei zuschauen!

Es gibt über tausend verschiedene Bambusarten auf der Welt: winzige, die kaum dreißig Zentimeter hoch werden, mit Blättern, kaum so lang wie ein Daumen breit – und Giganten, die bis zu dreißig Meter erreichen und deren Stängel dann dreißig Zentimeter im *Durchmesser* messen. Wie bei den Palmen wird der Stamm nur so dick, wie er bereits ist, wenn er aus dem Boden kommt, und wächst später nicht mehr in die Breite. Bambus ist also – trotz seiner gewaltigen Höhe – auch kein Baum!

Während der Spross noch in die Höhe schießt, hat er seine Blätter schon alle angelegt, die – wie beim Hütchenspiel – alle ineinander geschachtelt sind, sodass sie beim Wachsen eines nach dem anderen – und eines immer eleganter als das andere – erscheinen. Die schlanken Blätter fallen im Herbst nicht ab, sodass der Bambus auch im Schnee noch grün belaubt aussieht.

Nur ausnahmsweise, oft erst nach über hundert Jahren, blüht der Bambus. Das ist für die Anwohner erst einmal ein großes Fest, weil die Früchte einiger Bambusarten lecker und nahrhaft sind und schon manche Dörfer vor dem Verhungern gerettet haben. Danach ist der Bambus aber so erschöpft und entkräftet, dass er meist abstirbt – und mit ihm ganze Plantagen. Das ist schlimm für die Anwohner, aber auch für den seltenen Großen Panda, den großen, schwarz-weiß gefleckten Bambusbären, der in den weiten Bambushainen der Provinz Szetchuan im östlichen China lebt. Denn Bambusblätter, -stängel und -sprossen sind die einzige Nahrung für den Panda, und er muss verhungern, wenn er nicht einen anderen Bambushain in der Nähe aufsuchen kann. Nur in ganz wenigen zoologischen Gärten ist man deshalb in der Lage, Bambusbären zu halten, weil es gar nicht leicht ist, immer so große Mengen frischer Bambusblätter und -stängel herbeizuschaffen.

Anfang der neunziger Jahre blühten in den deutschen Gärten

fast alle Bambuspflanzen einer bestimmten Bambusart und starben dann ab. Warum blühten sie nun alle auf einmal – obwohl sie doch vorher noch nie geblüht hatten? Wie sich erst dann herausstellte, war ursprünglich eine einzige Pflanze dieser Bambusart von China nach Deutschland gebracht worden, und von dieser Pflanze hatte man immer wieder unterirdische Sprossen abgetrennt, als eigene Pflanzen weitergezogen und verkauft. Als nun nach fast hundert Jahren die Pflanze ihre unauffälligen Blüten bildete, blühten eben alle ihre Teile, auch wenn sie unterdessen über ganz Deutschland verteilt waren!

Die chinesischen, koreanischen und japanischen Maler und Dichter lieben den Bambus sehr und haben ihm unzählige Tuschezeichnungen, Aquarelle und Gedichte gewidmet. «Wenn man Bambus malen will, muss man selber zum Bambus werden», sagen die Bambusmaler – ebenso ausdauernd, elastisch, kräftig, aber nachgiebig – und so ungemein zierlich, edel und gelassen!

Bambus

Dieser vornehme Herr
wächst und wächst
vielversprechend:
Lerne von ihm
und du wirst ewig gedeihen.

Otagaki Rengetsu
(1795–1875)

In der Taiga

Die Taiga erstreckt sich als ein riesiges und schier unermessliches Gebiet über weite Teile der nördlichen Welt: Viele Stunden lang kann man durch die schwedische Taiga laufen, ohne den dichten Nadelwald zu verlassen. Selbst wenn man einen Berg ersteigt und nach allen Seiten Ausschau hält, so erblickt man doch bis zum Horizont nur Taiga, dichten Nadelwald, so weit das Auge reicht. In Sibirien kann man sogar ganze Tage lang mit der transsibirischen Eisenbahn fahren, ohne das Gebiet der Taiga zu verlassen. Aber auch in Kanada gibt es solche Wälder.

Es gibt die «dunkle Taiga» und die «helle Taiga»: In der dunklen wachsen vor allem Fichten und Tannen, also Nadelbäume, die ihre dunkelgrünen Nadeln das ganze Jahr über tragen; in der hellen Taiga stehen die weißstämmigen Birken (die wir ja schon kennen gelernt haben) und Pappeln. Beide werfen ihre Blätter im Herbst ab. Auch die Lärchen färben als einzige Nadelbäume im Herbst ihre Nadeln gelb und lassen sie fallen. So ist die helle Taiga im Winter unbelaubt und im Frühling vom frischen Maigrün der neuen Blätter durchzogen; die dunkle Taiga steht immer dunkel und in ernster Stimmung.

Es ist still in der dunklen Taiga: Wenn der Wind nicht durch die hohen Fichtenwipfel rauscht, hört man manchmal nichts als das Rieseln von kleinen Räupchen oder Borkenkäfern. Auch Vögel rühren sich kaum in der dunklen Taiga; es gibt nicht so viele, und die wenigen bleiben schweigsam. Doch für den Specht ist immer ein Tisch mit vielen Käfern, die im Holz und unter der Borke hausen, reichlich gedeckt. Besonders der große Schwarzspecht mit seinem ganz schwarzen Gefieder und der feuerroten Federhaube klopft die Insekten mit seinem starken Schnabel heraus und hämmert seine Höhlen in die mächtigen Fichtenstämme.

Sehr schlanke und spitze Fichten in der Taiga Lapplands.

Die Taiga ist an manchen Stellen auch heute noch ein Urwald (das russische Wort «Tajga» bedeutet «Urwald»), in dem der Mensch nicht wirtschaftet: Große, geradstämmige Fichten ragen neben kleineren auf. Auf sonnigen Lichtungen, die entstanden, als der Sturm eine Riesenfichte niedergebrochen hat, streben kleine, frischgrüne Jungfichten ans Licht. – So gleichförmig die Taiga im Großen ist, so abwechslungsreich findet man sie an solch kleinen Stellen. Auf den Lichtungen strotzen üppige Farnkräuter, während unter den großen Fichten vor allem Heidelbeeren, Preiselbeeren und Moose ihre Polster ausbreiten.

Erst wenn aus dem Urwald ein Nadelforst gemacht wird, wenn alle Bäume gleich alt sind und in Reih und Glied stehen, noch dazu so dicht, dass kein Reh sich zwischen ihnen hindurchdrücken kann und der Boden so im Schatten liegt, dass kein Kraut und kein Moos mehr genügend Sonne bekommt und verkümmert, erst dann wird aus der Taiga ein langweiliger, halb toter Forst, wie er leider auch bei uns häufig zu finden ist.

Fichte und Tanne

Fichte und Tanne werden häufig verwechselt, weil sie so ähnlich sind. Noch dazu heißt die Fichte auch Rottanne wegen ihres rötlichen Holzes und die Tanne eigentlich Weißtanne wegen ihrer hell glänzenden Rinde. Da soll sich noch einer auskennen!

Beides sind hoch aufragende Nadelbäume mit schlanken, geraden Stämmen, die unglaubliche Höhen bis zu vierzig Meter erreichen. Es scheint, als würde alle Kraft in ihren Stamm selbst hineingehen, ohne viel an die Zweige abzugeben. So sehen beide Bäume wie sehr steile, lang ausgezogene Pyramiden aus. Während Tannenwipfel etwas breiter ausladen, ragen bei der Fichte die kurzen oberen Äste schräg und spitz nach oben. Die unteren Äste hängen am Stamm schwer nach unten, um dann an ihrer Spitze in einem kühnen Schwung wieder aufwärts zu streben. Alle Äste sind ganz regelmäßig verzweigt, fast geometrisch. Immer zwei Äste gehen im selben Winkel von dem Hauptast ab; von diesem gehen wieder zwei in demselben Winkel ab und so fort. Am deutlichsten sieht man dies, wenn man auf eine kleine Tanne oder Fichte von oben daraufschaut: Dann sieht sie wie ein vielfach verzweigter grüner Kristall aus oder wie ein Stern oder eine große Schneeflocke. Auch wenn man von der äußersten Zweigspitze her auf einen Zweig oder Ast schaut, scheint jeder einen grünen Stern aus Nadeln oder eine Schneeflocke zu tragen.

Schneeflocken gehören zu Fichten und Tannen tatsächlich dazu, denn der dichte weiße Schnee schützt die Bäume in den langen, eisigen Wintern vor dem Erfrieren. In Kanada oder Sibirien kann es bis zu

Die Zapfen der Tanne stehen aufrecht auf den Zweigen.

– 50° C kalt werden. Doch der Schnee schafft eine schützende, einhüllende Decke, unter der es – wie im Iglu – kaum kälter als 0° C wird.

Auch die Nadeln von Fichten und Tannen müssen sich vor solch grimmiger Kälte schützen, wenn sie nicht erfrieren sollen. Sie sind klein und schmal wie Nadeln (deswegen heißen sie ja so), aber sie haben eine dicke und feste Außenhaut, die sie sehr gut einpackt. Wie fest sie ist, bemerkt man bei den Fichtennadeln besonders an der Spitze: Die piekt ganz kräftig! Tannennadeln sind weicher; sie haben keine Spitze, sondern sind vorne sogar etwas eingekerbt. Zerreibt man die Nadeln oder hält sie über eine Kerze, steigt einem ein kräftig und wohlriechendes Öl in die Nase: das Fichten- oder Tannennadelöl, das die Nadeln vor dem Erfrieren schützt. Man nimmt es gerne als Badezusatz, denn es scheint, als ob von der schützenden Wärmewirkung des Öls etwas in unsere Haut überginge.

Wenn die Fichte gesund ist, bleiben ihre Nadeln etwa sieben Jahre

Die Fichtenzapfen hängen nach unten und fallen als ganze ab.

lang an den Zweigen. Nur wenn sie krank ist, fallen die Nadeln schon nach zwei oder drei Jahren ab und der Baum sieht recht kahl aus. Leider sind viele Fichten, die nicht in der Taiga aufwuchsen, sondern bei uns angepflanzt wurden, krank.

Kaum jemand bemerkt es, wenn im Mai Fichten und Tannen blühen: Ihre Blüten sind klein und unauffällig und sehen wie winzige Zapfen aus. In den rötlichen Zapfenblüten gibt es nur Fruchtblätter, in den gelblichen nur Staubblätter. Sind die rötlichen Zapfen ausgewachsen und ausgereift, werden sie braun und tragen zwischen den Zapfenschuppen je zwei Samen mit einem durchsichtigen, hauchdünnen Flughäutchen, das vom Wind weit fortgetragen wird. Die lang gestreckten Zapfen der Fichte hängen von ihren Zweigen herunter. Sind alle Samen herausgeflogen, fallen die Zapfen als ganze ab. Tannenzapfen stehen dagegen aufrecht auf ihren Zweigen. Bei ihnen lösen sich die Schuppen einzeln ab, bis nur noch die leere Spindel in der Mitte übrig ist und dann auch herunterfällt. Ein Zapfen, der

Von oben gesehen ist die kleine Fichte ein grüner Stern.

am Boden liegt, ist deshalb nie ein Tannenzapfen, sondern stammt von einer Fichte (es sei denn, der Sturm hat einen ganzen Tannenast abgerissen).

Obwohl sie eine solch gewaltige Größe erreichen können, wachsen Tannen und Fichten in der Taiga nur sehr langsam. Der Sommer ist nur kurz, und im Winter fehlt ihnen die Sonne, sodass sie zwar leben, aber nicht wachsen und dicker werden können. Dadurch wird das Holz so fest und stark, dass die größten und stärksten Tannen als Masten der großen Segelschiffe über alle Weltmeere fuhren. Wenn im Sturm die Tannenmasten knarrten, ächzten und stöhnten, dann schien es wohl manchem Seemann, als ob der Geist des Baumes aus dem Stamm herausträte und als Klabautermann sein Unwesen triebe – besonders in den stockdunklen Sturmnächten und wenn der Seemann abergläubisch war (was alle Seemänner waren) und schon einen kleinen Grog getrunken hatte …

Wegen dieses sehr festen Holzes zogen einst seltsame Männer

durch die Fichtenwälder: Männer, die mit ihren Äxten an die Stämme klopften und dann ihr Ohr daranlegten und lauschten. Es waren berühmte Geigenbauer wie Antonio Stradivari, die selber das am besten tönende Holz für ihre schön klingenden Geigen suchten. Schnell gewachsenes Holz heutiger Fichten ist meist zu locker und als Klangholz nicht geeignet. Es wird aber als Bauholz für Dachstühle, für Bretter und Kisten und zur Herstellung von Papier genutzt.

Manchmal sieht man an Baumwunden ein zähes, aromatisches Harz heraustreten – wie wasserklares, durchsichtiges Blut. Es brennt sehr gut, denn es trägt Licht und Wärme in sich.

Obwohl die Fichte selbst so dunkel aussieht, war sie bei den Germanen dem Gott des Lichtes Baldur gewidmet, vielleicht wegen der Stärke ihre Stammes, vielleicht wegen des lichtgebenden Harzes im Inneren, vielleicht auch, weil sie im dunklen, kalten Winter ihre grünen Nadeln behält und ausharrt, bis im Frühling die Sonne wieder erscheint. In der dunkelsten, längsten Nacht des Jahres holten die Germanen einen dicken Block einer mächtigen Fichtenwurzel aus dem Wald und verbrannten ihn auf ihrem Herd, sodass er Licht in der finsteren Nacht gab. Erst viel später brachte man eine ganze junge Fichte herein, schmückte sie mit Lichtern auf den Zweigen, mit papierenen Rosenblüten und Äpfeln und feierte mit diesem Weihnachtsbaum die Geburt Jesu, des Lichtes der Welt.

Farne

Farne waren den Menschen früher unheimlich. Sie wuchsen nicht in den Dörfern und Städten, sondern weit abgelegen im Wald, im Nadelwald oder Buchenwald, an etwas lichteren Stellen, vielleicht bei den Holzhütten der Köhler – rußgeschwärzten Gesellen, die mitten im

Wald hausten und das Holz zu Holzkohle verkohlten. Das waren unheimliche Orte, an die man nur ausnahmsweise gelangte. Und zu diesen Ausnahmen, nicht zum sicheren Alltag, gehörten die Farnkräuter. Kein Farnkraut kann man essen, als Bauholz oder Brennholz verwenden, kein Duft lässt sich aus ihm gewinnen, kein Harz. Nur als Medizin kann man einzelne Farnarten verwenden: den Wurmfarn als Mittel gegen Würmer. Aber Vorsicht! Giftig! Nicht zu viel verwenden!

Ja, man sprach den Farnen sogar Wunder- und Zauberkräfte zu: Wer Farnsamen finden würde, sollte unsichtbar werden! Niemand hatte bisher Farnsamen entdeckt. Und doch vermehrten sich die Farne. Merkwürdig!

Meist sieht man von Frankräutern nur die Blätter. Beim Eichen- oder beim Buchenfarn kommen sie einzeln aus dem Boden heraus, beim Wurmfarn stehen sie in einem Kreis oder Trichter zusammen. Ein Spross scheint ganz zu fehlen. Selbst der übermannsgroße Adlerfarn zeigt nur Blätter. Die sind allerdings so vielfach zerteilt, dass ein Blatt wie ein Stängel mit vielen Blättern aussieht. Erst wenn wir ein Farnkraut ausgraben würden, fänden wir unter der Erde einen Spross, von dem alle Blätter abgehen.

Farnblätter sind oft mehrfach gefiedert und sehen auf den ersten Blick gar nicht so merkwürdig aus, und doch sind sie ganz anders als alle anderen Blätter: Sie wachsen nicht aus einer Knospe und werden dann gleichmäßig größer, sondern sie entrollen sich aus einer Spirale, die wie ein Hirtenkrummstab aussieht und die sich beim Wachsen wie mit gesenktem Kopf und gebeugtem Nacken nach oben streckt und ausrollt und dabei an der eingerollten Spitze immer noch weiter wächst. Dabei sind die Spiralen oft in braune Schuppenblätter gehüllt, sodass sie ein bisschen wie Urweltreptilien aussehen oder wie halb eingerollte Kellerasseln.

Die Form der Blätter ist von größter Vielfalt: Es gibt solche, die nur aus einem dünnen, grünen, senkrechten Faden bestehen, wie eine Binse (Pillenfarn); solche, von deren Mittelachse mehrere Fiedern abgehen wie Rippen (Rippenfarn); solche, die doppelt, dreifach oder vierfach geteilt sind, sodass feinste Wedel entstehen (Adlerfarn); oder

In einer Felsritze wächst der zierliche Rollfarn.

solche, deren Fiedern miteinander verschmolzen sind, sodass eine gemeinsame, glatte Blattfläche zusammenwuchs, wie die der Hirschzunge. Kurz gesagt: Fast alle Blattformen der Pflanzenwelt gibt es schon bei den Farnen – so als hätten diese, wie im Spiel, einmal alle ausprobiert!

Blätter in allen Formen stehen den Farnen also zur Verfügung – Blüten, Früchte und Samen gibt es bei ihnen noch nicht! Wie aber vermehren sich die Farne? Das haben die Naturforscher erst herausgefunden, als sie mit Mikroskopen nachschauen konnten: Auf der Unterseite mancher Farnblätter sieht man schon mit bloßem Auge braune Flecken. Legt man ein solches Blatt auf ein weißes Papier, so fällt nach einer Weile sehr feiner, brauner Sporenstaub heraus. Der Wind trägt ihn leicht davon. Landet er an einer feuchten, schattigen Stelle – das kann sehr weit weg von der Farnpflanze sein –, so keimt aus jeder staubfeinen Spore ein winziges, grünes Pflänzchen aus. Jetzt braucht man eine Lupe, denn das Pflänzchen wird nicht größer als ein Fingernagel und bleibt flach am Boden liegen, sodass man es sehr leicht übersieht. Vorkeim nennt man es! Aus den mikroskopisch kleinen Vorgängen, die dann auf dem Vorkeim geschehen, wächst anschließend wieder eine richtige, große Farnpflanze. Man könnte sagen, dass dieser Vorkeim so eine Art Blüte ist, die aber nicht auf dem Farn selbst blüht, sondern auf dem feuchten, schattigen Waldboden.

Bei manchen Farnarten sitzen die Sporen nicht unter den eigentlichen Farnblättern, sondern auf eigenen Sporenblättern, die manchmal gar nicht grün, sondern fahlbraun sind. Fast scheint es so, als würden diese Farne doch noch versuchen, aus ihren Blättern Blüten zu machen, aber es gelingt ihnen nicht wirklich! Die kleine Mondraute besitzt nur ein einziges Blatt. Was macht sie mit ihren Sporen? Sie belässt die eine Hälfte ihres Blattes als normales, grünes Farnblatt, die andere Hälfte trägt die Sporen und ist dazu überall etwas eingekrümmt.

Mit ihren sorgfältig ausgeformten Blättern, den unterirdischen Sprossen und Wurzeln haben die Farne schon alles, was eine ganze Pflanze ausmacht – so wie ein Kind, das laufen gelernt hat, alles hat, was ein Mensch braucht. Und doch kann es viel ausprobieren und noch viel lernen. Und auch die Pflanzenwelt hat im Laufe ihrer Entwicklung vieles erprobt und noch sehr viel dazugelernt, seit es die Farne gibt. Die Farne sind ja schon uralt: Die Steinkohle entstand größtenteils aus Farnen, riesigen, bis dreißig Meter hohen Farnbäumen.

Heute gibt es nur noch im tropischen Regenwald Farne mit Stämmen, Baumfarne, die zwar nicht mehr so riesig wie zur Steinkohlezeit, aber doch einige Meter hoch werden und ihre zartgrünen Wedel wie kleine Palmen ausbreiten – im dunklen Regenwald ein sehr hübscher Anblick! Ebenfalls im Regenwald leben tropische Farne, die auf den Ästen der großen Bäume neben den Orchideen sitzen: Einige ihrer Blätter sind gewöhnliche Farnblätter, andere sind so umgewandelt, dass sie zusammen einen Korb bilden, in dem sie alte Blätter und Staub sammeln. Dort wird guter Humus daraus, in den sie ihre Wurzeln hineinsenken können. Sie bereiten sich also – hoch oben in der Luft – ihren Boden selber! Das sind Erinnerungen aus der vergangenen, großen Zeit der Farne! Heute müssen wir die Farne nicht mehr unheimlich finden, aber faszinierend sind sie noch immer!

Moose

Auf dem feuchten, schattigen Waldboden unter den Taigafichten breiten sich oft weite, grüne Moosteppiche aus: Erde, Baumstämme, selbst große, hohe Steine und die Äste der Bäume sind verschwunden und von einer dicken, weichen Schicht Moos eingehüllt. Die saftiggrüne Moosdecke tut dem Wald gut: Wenn es regnet, hält das Moos den Regen wie ein Schwamm fest. So läuft das Regenwasser nicht über den Waldboden in den nächsten Bach, der gleich überschwemmt würde, sondern bleibt dort und kann von den Baumwurzeln aufgesogen werden, sobald es wieder trockener wird.

Um uns die Moospolsterpflänzchen genauer anzuschauen, müssen wir uns tief bücken oder am besten auf den Bauch legen und eine Lupe vor das Auge halten, denn es sind Miniaturpflänzchen, die nur wenige Zentimeter, manche sogar nur wenige Millimeter hoch reichen: Dicht an dicht stehen in den dicken Polstern die winzigen Moosstämmchen beieinander. Jedes Stämmchen trägt eine Fülle winziger Blättchen, so nah beieinander, dass sich die Wassertropfen gut zwischen ihnen halten können. Unten am Grund der Stängel breiten sich braune Wurzelfäden aus, so fest ineinander gewachsen, dass man sie nicht mehr trennen kann, nur noch zerschneiden. Mit ihnen haftet das Moos am Boden fest. Die Wurzelfäden sind aber trotz ihres Namens keine echten Wurzeln, denn sie können kein Wasser aufnehmen und an den Stängel und die Blätter weiterleiten. Stattdessen müssen die Blätter ihr Wasser direkt aufnehmen. Deswegen vertrocknen Moospflänzchen auch, wenn wir sie im Wald ausgraben und bei uns im Garten auspflanzen, selbst wenn wir die Wurzelfäden gut angießen. Wir müssen stattdessen Stängel und Blätter mit Wasser besprühen, damit sie es aufnehmen können.

Die meisten Moospflänzchen leben daher an schattigen und feuchten Stellen, die lange Zeit Wasser bewahren können. Moose, die auch steinige, trockene Stellen überziehen, haben besondere Säckchen unter den Blättern, in denen sie das Wasser speichern können, manche sogar mit einer verschließbaren Klappe! Doch schadet es Moosen auch nicht, wenn sie einmal ganz austrocknen. Ein Moospflänzchen hat sogar nach zehn Jahren in einer trockenen Pflanzenpresse wieder grüne Blätter ausgetrieben, als es begossen wurde!

Die großen Wassermengen, die im Moospolster hängen, beherbergen auch ein ganzes Gewimmel kleiner und kleinster Tierchen, von denen man viele nur mit der Lupe erkennen kann: kleine Spinnen, Springschwänze, Regenwürmer und viele andere.

Verglichen mit den Farnen können Moose manches noch nicht: Die Farne nehmen bereits das Wasser mit den Wurzeln auf und leiten es durch die ganze Pflanze, sogar durch hohe Stämme, zu den Blättern. Einem Moos gelingt das noch nicht. Die Moose können daher keine hohen Stängel bilden, sondern bleiben niedrig und immer mit der Erde verbunden.

Blüht das Moos? Echte Blüten sind das noch nicht, aber oben am Stängel bildet sich ein Kranz gelblich-grüner oder rötlich-grüner Blätter aus, in deren Mitte der Blütenstaub heranreift. Nicht der Wind, nicht Bienen oder Schmetterlinge tragen ihn zu der nächsten Blüte, sondern das Wasser: ein Regentropfen, der darauf platscht und den Blütenstaub auf die nächste Moospflanze spritzt. Moos und Wasser gehören eben ganz eng zusammen. Bald darauf wächst auf dem Moospflänzchen ein dünner Stiel, der oben mit einer geschlossenen Kapsel endet. Oft trägt die Kapsel noch eine Miniaturmütze, manchmal keck schräg sitzend, manchmal – beim Frauenhaarmoos – wie aus straff gebürsteten, langen goldblonden Haaren zusammengebunden. Dort drinnen reifen nun gut geschützt die Sporen. Sind sie ausgereift,

öffnet sich der Kapseldeckel, und staubfein quellen die Sporen heraus. Trägt der Wind sie an eine schattige, feuchte Stelle, so keimen sie. Es wird aber nicht gleich eine neue Moospflanze daraus, sondern nur ein grüner, algenartiger Faden, den man Vorkeim nennt. Erst wenn dieser Vorkeim gut wächst, weil die Stelle für Moos geeignet ist, wandelt er sich zu einer richtigen Moospflanze um.

Es gibt viele verschiedene Moosarten mit recht unterschiedlichen Blatt- und Stängelformen: Die Moose der Taiga sehen oft aus wie winzige Abbilder der Fichten, unter denen sie wachsen. Trocknet man sie und klebt sie auf ein Blatt Papier, so erhält man einen Zwergen-Fichtenwald und kann sich leicht vorstellen, man liefe selber hindurch. Tropische Moose erinnern dagegen manchmal an Palmen.

So sind die Taiga-Moose in ihrer Kleinheit und Bescheidenheit wie die Träume der Pflanzenwelt. Sie träumt davon, dass später einmal große Fichten aus ihr werden sollen – wie kleine Kinder, die davon träumen, was sie später einmal werden und tun wollen.

Pilze – oder das größte Lebewesen der Welt

Anfang Herbst, wenn die Tage noch warm sind und ausgiebige Herbstregen fallen, sprießen die Pilze aus dem Boden: Gestern war noch nichts zu sehen, heute stehen kleine Pilze da, die morgen schon ausgewachsen sein werden. So schnell wachsen sie bei dem richtigen Wetter, dass sie sprichwörtlich geworden sind für alles, was plötzlich und wie über Nacht erscheint und «wie Pilze aus dem Boden schießt».

Jedes kleine Kind kann einen Pilz zeichnen, so einfach sieht er aus: ein mehr oder weniger dicker Stiel und ein Hut darauf, halb-

Goldenes Frauenhaarmoos mit Sporenkapseln.

kugelig oder fast regenschirmartig aufgespannt – mehr scheint an dem Schnellgewachsenen nicht dran zu sein. Doch Kenner schauen dem Pilz als Erstes unter den Hut: Sind da Lamellen, die wie Seiten eines Buches nebeneinander liegen, oder Röhrchen, auf deren winzige Öffnungen man schaut? Ist das ein Pilz mit Lamellenfutter oder einer mit Röhrenfutter? Es gibt auch Pilze mit einer stacheligen Hutunterseite, aber die sind sehr selten. Bricht man den ganzen Hut ab und legt ihn im trockenen Zimmer auf ein Blatt Papier, so wird es schon bald ein feines, dunkles Muster auf dem Papier geben: die Pilzsporen, mit denen sich der Pilz verbreitet. Beim Kartoffelbovist bleibt der gesamte Hut geschlossen, sodass die Sporen nicht herausfallen können. Doch bei einem Tritt auf den reifen Hut zerplatzt er, die Sporen puffen wie eine dunkle Staubwolke heraus, und der Wind trägt sie davon.

Nach wenigen Tagen zerfallen die Pilze und erscheinen erst im nächsten Herbst wieder. Was machen sie in der Zwischenzeit? Da leben sie ihr eigentliches Leben, von dem man nichts ahnt! Das eigentliche Pilzleben findet nämlich *in* der Erde statt: Unten am Pilzstiel sitzen eine ganze Menge weißer Fäden, die man für Wurzeln halten könnte. Sie durchziehen den lockeren, feuchten Waldboden und wachsen das ganze Jahr über, auch dann, wenn man «oben» gar keine Pilze sieht. Ein bisschen lebt dieses Mycel – so nennt man es – wie Wurzeln, da es Wasser und Salze aufnimmt, aber es ist auch eine Art «Super-Wurzel», denn es wächst in welkes Laub und herabgefallene, trockene Äste und Zweige hinein und löst diese von innen her auf! Das Pilzmycel ist der eigentliche Pilz, der immer im dunklen Boden lebt – nur zur Reifung und Verbreitung der Sporen entsteht der Fruchtkörper an der Oberfläche: als Pilz, wie wir ihn kennen.

Manche Pilzarten kommen aber nicht einmal dazu über die Erde: Die Fruchtkörper der Trüffel etwa reifen 30 bis 40 cm, manchmal 1 m tief in der Erde unter Eichen und Haselsträuchern. Kein Mensch würde sie je entdecken. Doch besondere Trüffelschweine und dressierte Trüffelhunde haben so feine Nasen, dass sie die Trüffelknollen in der Erde riechen, sodass man sie ausgraben kann! Trüffel sind nämlich kostbare Delikatessen der berühmten französischen Küche.

Das Pilzmycel wächst weiter und weiter. So kommt es, dass man manchmal Hexenringe findet – Pilze, die in einem kleineren oder größeren Kreisring stehen, da das Mycel von einer Stelle aus in alle Richtungen wachsen konnte.

Das Mycel wächst immer und immer weiter und kann riesig groß werden: In einem Wald im amerikanischen Oregon hat sich ein Hallimaschmycel über eine Fläche von neun Quadratkilometern ausgebreitet. Das ist das größte Lebewesen der Welt!

Alle Pflanzen sind Kinder der Sonne, wenden sich mit ihren grünen Blättern ihr zu und leben von ihrem Licht. Die Pilze brauchen die Sonne nicht, sie sind Kinder der dunklen, feuchten Erde, die ohne jeden Sonnenschein auskommen. Manche Botaniker zählen sie daher gar nicht zu den Pflanzen. Tiere sind sie aber auch nicht. Was dann? Nun, sie gehören neben Tieren und Pflanzen eben zu einem ganz eigenen Reich! Und wie gut, dass es sie gibt! Ohne Pilze würden sich im Wald das alte Laub, Nadeln und herabgefallene Äste immer mehr anhäufen – nach wenigen Jahren läge es schon mehrere Meter hoch. Alle Pflanzen, selbst die großen Bäume, würden bald darin ersticken! Die Pilze aber sind unermüdlich tätig und verwandeln alles Alte und Tote wieder in würzig riechenden, fruchtbaren Humus, in dem Neues wachsen kann!

Pilze zersetzen aber nicht nur altes Laub und Äste. Auf Baumstümpfen von abgebrochenen oder gefällten Bäumen siedeln oft große Pilztrupps: etwa der Hallimasch, dessen Mycel das morsche Holz des Stumpfes zersetzt und dabei zu manchen Zeiten zu grünlichem Leuchten bringt – recht unheimlich, wenn es so im dunklen Wald matt schimmert! Auch die Baumpilze, die, selber hart wie Holz, aus dem toten Stamm herausschauen, lösen die abgestorbenen Baumstämme von innen her auf.

Wieder andere Pilzarten besiedeln den Kot von Hirschen, Kühen oder Schafen. Ihre Pilzhüte sieht man dann etwa aus einem Kuhfladen oder aus Schafsmist herausragen: z.B. den wohlschmeckenden Wiesenchampignon mit seinem weißen Hut, weißen Stiel und rosa Lamellen. Doch Vorsicht beim Sammeln! Dem Champignon ganz

Manche Pilze wachsen nur auf Kuhfladen.

ähnlich sieht der Grüne Knollenblätterpilz – der ist aber so giftig, dass man Bauchkrämpfe, Brechreiz, Durchfall und Schwindel bekommt und an einem einzigen gegessenen Pilz sterben kann! An der Knolle, aus der der Stiel unten hervorkommt, kann man ihn vom Champignon unterscheiden – aber dafür muss man beide Arten gut kennen!

Die meisten einheimischen Pilze mit Röhrenfutter sind gute Speisepilze: Steinpilze, Birkenpilze oder Maronen gehören dazu. Doch Satanspilz und Pantherpilz sind trotz Röhrenfutter tödlich giftig! Niemals sollte man selbst gesammelte Pilze essen, ohne dass sie ein Pilzkenner genau bestimmt hätte! Gekaufte Champignons sind trotz der Verwechslungsgefahr meistens ungefährlich, da sie nicht gesammelt wurden, sondern gezüchtet: In großen Höhlen und Kellern wachsen sie im Dunkeln auf Mist und Strohballen.

Nur sehr wenige Pilze kann man wie Champignons und die japanischen Shiitake-Pilze züchten; die meisten muss man im Wald suchen. Das hat einen Grund: Diese Pilze haben sich mit den Wurzeln von Bäumen verbündet und sich so eng um die feinsten Wurzelhärchen geschmiegt, dass sie dem Baum von ihrem aufgenommenen Wasser und ihren Nährsalzen abgeben können und umgekehrt der Baum ihnen von seinem Zuckersaft. So helfen sie sich gegenseitig: Die Bäume können zusammen mit den Pilzen auch auf sehr schlechten Böden leben, wo sie es allein nicht aushalten würden. Und die Pilze bleiben immer bei den Bäumen. Den Birkenpilz findet man deshalb nur unter Birken, die Eichen-Rotkappe nur unter Eichen. Den bekannten Fliegenpilz mit seinem roten Hut und den weißen Tupfen darauf (das sind die Reste der Hülle, in die er als ganz kleiner Pilz eingepackt gewachsen ist, bis sie platzte) findet man unter Birken, unter den Fichten der Taiga und unter anderen Bäumen. Er ist nicht so wählerisch. Wie gut, dass man den Fliegenpilz so leicht erkennt, denn auch er ist sehr giftig!

Es gibt aber nicht nur giftige oder wohlschmeckende Pilze: Manche werden auch als Medizin verwendet. Ja, einige gelten sogar als ein Wundermittel, mit dem man die schlimmsten Krankheiten heilen kann. «Pilz des langen Lebens» heißt der Glänzende Lackporling in China, ein Baumpilz mit einem schönen, lackrot glänzenden Hut, hart wie das Eichenholz, auf dem er wächst. Ob er wirklich zu einem langen Leben verhilft?

Verglichen mit Moosen, Farnen oder gar Bäumen ist die Gestalt der Pilze wirklich wenig eindrucksvoll: Den größten Teil ihrer Zeit leben sie lediglich als dünne Fäden im Boden und schauen nur selten heraus. Sie sind wie neu geborene Kinder, die fast den ganzen Tag lang schlafen, weil ihr kleiner Leib so viel wachsen muss. Nur selten wachen sie auf: manchmal satt und selig lächelnd und manchmal hungrig und herzzerreißend brüllend – wie ein kleiner weißer, innen rosiger Champignon oder wie ein knallroter, hübscher, aber ungenießbarer und giftiger Fliegenpilz!

In der Tundra

Gehen wir in der Taiga zwischen Fichten und Birken immer weiter nach Norden, so hört irgendwann einmal der Wald auf: Nicht plötzlich, sondern ganz allmählich lassen die Bäume immer mehr Platz untereinander und werden immer kleiner, bis schließlich nur noch einzelne kleine Fichten oder Birken dastehen. Hier beginnt die Tundra. Alles ist hier anders: Im Sommer geht die Sonne gar nicht mehr unter und scheint ununterbrochen – das ist der Polarsommer. Doch der Polarsommer ist nur kurz. Und die Sonne hat, so flach wie sie selbst mittags am Horizont steht, nicht genügend Kraft, um ganze Bäume aus der Erde hervorlocken zu können. Auch reicht ihre Kraft nicht aus, um das Eis des Winters bis in die Tiefen der Erde aufzuschmelzen. Oft taut es nur bis in einen Meter Tiefe; darunter bleibt der Boden das ganze Jahr über gefroren. Dort kann natürlich keine Baumwurzel wachsen. Nur für die Wurzeln von Sträuchern genügt es. Soweit das Auge reicht, erblickt es kniehohes Gesträuch und Gestrüpp.

Durch diese Tundragestrüppe zu laufen ist anstrengend, da sie dicht an dicht stehen und man leicht über die Wurzeln stolpert oder auf ihnen ausrutscht, besonders wenn es nass und schlammig ist. Zuerst sehen alle diese Sträucher gleich aus, bis man sie unterscheiden lernt: Da gibt es zum Beispiel die Heidelbeersträucher mit ihren kleinen, festen, leuchtend grünen Blättern und den dunklen, blau bereiften Beeren. Aber Vorsicht: Einige Sträucher haben dunkler grüne Blätter und hellere Früchte. Das sind nicht die leckeren Heidelbeeren, sondern die etwas fader schmeckenden Rauschbeeren, nach deren Genuss einem leicht übel und schwummerig wird!

Leuchtend rot auf der sonnenzugewandten Seite und anfangs noch bleich auf der schattigen Seite prangen die wohlschmeckenden Preiselbeeren. Sie sitzen an sehr viel kleineren Sträuchlein mit winzigen

Blättchen. Noch kleiner sind die Krähenbeerensträucher mit noch kleineren Blättern und schwarzen, ungenießbaren Beeren.

Die Moltebeeren bilden keine Sträucher, sondern sitzen auf einem etwa handhohen, beblätterten Stängel. Die Beeren erinnern in Form und Größe an Brombeeren, sind aber im unreifen Zustand rot, später gelblich-orange gefärbt. In Norwegen, Schweden und Finnland gilt ihr etwas eigentümlicher Geschmack als besondere Delikatesse.

Der größte all dieser kleinen Sträucher ist aber kein Beerenstrauch, sondern eine Birke, die *Zwergbirke*. Meist nur einen halben Meter hoch bildet sie doch mehrere richtige Stämmchen aus, die sich manchmal mit viel Mühe am Boden entlangwinden. Ein solch kleiner Strauch kann schon achtzig Jahre alt sein – so langsam geht alles Wachstum in der Tundra vor sich! Fingernagelgroße Blättchen sitzen an den Birkenzweigen, breiter als lang und mit einer Reihe von Spitzen – so zierlich, als stünde das Bäumchen mit seinen Blättern vor einem Puppenhaus!

Zwischen den Zwergbirken verstecken sich oft die Schneehühner, die an den Knospen der Birken und den Beeren der anderen Sträucher knabbern. Im Sommer ist ihr Gefieder rindenartig braun gemustert und zwischen den Sträuchern nicht zu entdecken. Nähert man sich einem Trupp Schneehühner, so ducken sie sich still zwischen die Zweige. Erst im letzten Moment steigen sie mit knatternden Flügelschlägen auf, umkreisen den Störenfried vielleicht noch einmal laut schimpfend und fliegen dann davon. Im Winter färbt sich ihr braunes Gefieder weiß wie der Schnee. In kalten, stürmischen Nächten scharren sie sich Höhlen in den Schnee, wo sie vor der Kälte geschützt und unsichtbar sind.

Auch Lemminge, Rentiere und Moschusochsen leben von den Pflanzen der Tundra. Während die Rentiere jedoch nur den Sommer dort verbringen und im Winter zurück in die geschütztere, waldige Taiga ziehen, bleiben Lemminge und Moschusochsen hier. Die Lemminge graben sich unterirdische Gänge, durch die sie auch unter dem Schnee an die Knospen herankommen, an denen sie nagen. Die Moschusochsen dagegen müssen – in ihre dicke Wolle gut eingepackt –

jedem Schneesturm trotzen und danach mit ihren Hufen den Schnee zur Seite schieben und so lange kratzen, bis sie an Sträucher oder Flechten herankommen.

Bevor aber der Winter naht, gibt es in der Tundra einen ganz kurzen Herbst: In einer Woche färben sich die Zwergbirken und die meisten Zwergsträucher leuchtend rot, sodass unter dem klaren, blauen Herbsthimmel die Erde noch einmal aufglüht, um dann in den langen Polarwinter, in dem die Sonne lange gar nicht mehr aufgeht, zu versinken.

Flechten

Gehen wir in der Tundra noch weiter nach Norden oder erreichen wir eine Stelle mit besonders magerem Boden, so können dort auch die anspruchslosen Beerensträucher oder die Zwergbirke nicht mehr wachsen. Doch selbst hier ist der Boden nicht kahl: Ein dichtes, weiches, mal grau-grünes, mal braun-grünes Polster bedeckt den Boden wie ein Schaumgummipolster, in das man sich gerne hineinlegen würde. Was ist das? Ein Miniatur-Zwergstrauch? Tatsächlich verwenden Modelleisenbahnbauer oder Architekten für ihre Modellhäuser oft die nur zentimeterhohen Pflanzen als Modellsträucher – so ähnlich sehen sie echten Sträuchern. Doch wenn man genauer hinsieht, bemerkt man, dass gar keine Blätter vorhanden sind, keine Knospen, keine Wurzeln. Auch die grau-grüne Farbe wäre für Sträucher ganz ungewöhnlich. Es sind Flechten, Strauchflechten, die so heißen, weil sie echten Sträuchern ähneln. Selbst ihre Stämmchen sind gar keine echten Stämme – das bemerkt man aber erst mit dem Mikroskop –, sondern zusammengesetzt aus dicht verflochtenen, bleichen Pilzmycelfäden und zahlreichen winzig kleinen grünen Algen. *Eine* Flechte besteht also eigentlich aus zwei Pflanzen: dem Pilz und der Alge, die

Wie ein Gestrüpp aus Miniatursträuchern sehen diese Strauchflechten aus.

sich zusammen getan haben. Beide könnten auch allein leben, der Pilz als Pilz und die Alge als Alge. Aber nur gemeinsam gelingt ihnen die Strauchform der Flechte. Und nur gemeinsam schaffen sie es, in der Kälte der Tundra zu leben, wo keine anderen Pflanzen mehr existieren können, auch keine Pilze oder Algen. Dabei nimmt der Pilz mit seinen Mycelfäden für beide Wasser und Nährsalze auf, die grüne Alge das Sonnenlicht. Mit dieser gegenseitigen Hilfe können sie gemeinsam leben.

Nicht allen Flechten gelingen so hübsche kleine «Sträucher»: Viele breiten nur flache grüne oder bräunliche Lappen aus, die entfernt Blättern ähnlich sehen, die Blattflechten. Andere verwachsen mit ihrer ganzen Fläche auf einem Felsen, sodass man sie nur noch mit Gewalt ablösen könnte und sie dabei zerstören würde; das sind die Krustenflechten. Ja, manche Krustenflechten ätzen mit Säuren, die der Pilz bildet, sogar den Stein an, lösen ihn etwas auf und wachsen dann *im* Stein selber, dicht unter der Oberfläche, weiter. Nur ein Flechtenfachmann erkennt sie dort!

Ganz langsam wachsen die Flechten, teils wegen der Kälte, teils wegen des harten Steines, teils weil die Flechte von sich aus sehr langsam ist: Einen Millimeter kommt sie im Jahr voran, zehn Zentimeter in hundert Jahren, einen Meter in tausend Jahren! Manche Flechten sind noch älter als tausend Jahre! Man sollte auf sie aufpassen und sie nicht achtlos zertreten!

Nicht nur in der Tundra, sondern überall dort, wo es extrem kalt oder extrem trocken ist und nichts anderes mehr lebt, kommen Flechten vor: ganz oben im Hochgebirge, zwischen und auf den Felsen; an manchen Stellen der Wüste, wo es Nebel gibt, den die Flechten aus der Luft aufsaugen können; aber auch bei uns an Stellen, wo es keine Erde gibt: auf Hausdächern, Baumrinden oder Mauern. Bei uns übersieht man sie meist, weil sie so unauffällig grau-grün gefärbt sind; es gibt aber auch leuchtend-gelbe und orange Flechten, deren Krusten wie Landkarten auf großen Felswänden aussehen: die Landkartenflechten.

Aus Flechten haben die Lappen Finnlands, die Norweger und Schweden schon seit uralten Zeiten Farben gewonnen: gelbe, grüne und orange Farben, mit denen sie ihre Kleider gefärbt haben. Selbst rote und blaue Farben lassen sich herstellen. Auch die klassischen Muster der Schottenröcke sind mit Flechtenfarben gefärbt. In der Chemie verwendet man Lackmus, eine Flechtenfarbe, zum Überprüfen: Bei Säure wird sie rot, bei Lauge blau.

Ebenfalls seit Urzeiten kauen die Lappen auf einer Flechtenart, dem Isländischen Moos (es ist aber kein Moos, sondern heißt nur so, weil es so schön weich ist), um Erkältungen und Entzündungen der Atemwege zu kurieren. Auch bei uns kann man es in jeder Apotheke als Hustenbonbon kaufen.

Für die Rentiere der Tundra sind die Flechten die allerwichtigste Nahrung: Vor allem im Sommer ernähren sie sich fast nur von Rentierflechten. Uns schmecken die Flechten zu bitter, als dass wir sie gerne essen würden. Ein kanadischer Pilot, der in der Arktis abstürzte und mehrere Wochen ohne Lebensmittel auf seine Rettung harren musste, verhungerte nur deswegen nicht, weil er sich Flechten kochte und aß. Ein bisschen weniger bitter werden die Flechten beim Kochen, aber nur ein bisschen … Duft und Aroma der Flechten sind in vielen guten Parfüms enthalten. Sie riechen herb und kräftig, wie die Tundra, aus der sie stammen.

Wie vermehrt sich dieses seltsame Doppelwesen aus Pilz und Alge? Blüht es? Bildet es Früchte? Am einfachsten vermehrt es sich, indem ein kleines Stück abbricht, etwa wenn ein Tier darauftritt, der Wind es verweht und es anderswo neu anwächst. Der Pilz kann aber auch richtige kleine Pilzhüte austreiben, in denen sich die Sporen bilden. Es sind nur winzige, oft trompetenartige Hüte, weshalb man sie besonders leicht übersieht.

Baumflechten leben auf Baumstämmen oder auf den Ästen von Bäumen. Meist wachsen sie dabei nach oben, manche aber lassen sich herunterhängen: Dabei entstehen lange, manchmal mehrere Meter lange ineinander verflochtene Flechtenfäden (daher kommt auch der Name Flechten), die wie ein bleichgrüner, langer, verfilzter Bart eines Riesen aussehen. Die Bergregenwälder, in denen besonders viele dieser Bartflechten vorkommen, nannten die ersten Botaniker auch Elfenwälder. Die Bartflechte nimmt das Wasser, das sie wie alle anderen Pflanzen auch braucht, nicht aus der Erde, sondern kämmt es aus Nebel und Wolken heraus.

Bei uns gibt es solche Bartflechten auch, sie sind aber sehr selten geworden. Alle Flechten reagieren nämlich sehr empfindlich auf schlechte Luft, und die Bartflechten ganz besonders. Vor allem die Abgase von Motoren und Fabriken vertragen sie schlecht. Hoffentlich kommen sie zurück, wenn die Luft eines Tages wieder sauberer wird!

Insektenfangende Pflanzen

An feuchten, moorigen Stellen wächst ein Pflänzchen, das man viele Jahrhunderte ganz übersehen hat, so unauffällig ist es. Seine aus fünf Kronblättern zusammengewachsene Blüte erinnert an ein Veilchen: dunkel-violett gefärbt, aber mit einem weißen Fleck am Schlund. Die Blätter sehen jedoch nicht wie Veilchenblätter aus: Sie sitzen alle in einer kleinen Rosette, liegen flach am Boden an und sind etwas fleischig und fast dreieckig, mit der stumpfen Spitze nach außen gewandt. Soweit scheint das Pflänzchen gar nicht besonders auffällig zu sein. Wer aber nahe herantritt, bemerkt einen ungewöhnlichen Glanz auf den Blättern: Sie glänzen, als wären sie fettig – daher heißt die Pflanze auch *Fettkraut* –, und wenn die Sonne auf sie scheint, schillern sie farbig.

Kleine Fliegen und Mücken, die diesen Glanz für süßen Nektar halten und von ihm naschen wollen, landen auf den Blättern. Doch statt im erhofften Nektar sitzen sie in einer zähen, klebrigen Flüssigkeit, die sie festhält und nicht mehr loslässt. Je mehr sie strampeln und mit den Flügeln schwirren, desto mehr verkleben sie darin, bis sie sich nicht mehr rühren können. Langsam wölbt sich das Blatt an dieser Stelle ein, und der Blattrand rollt von der Seite her über die Fliege. Verdauungssäfte zersetzen sie, und das Blatt saugt diese in sich auf, bis von der Fliege nur noch der unverdauliche Panzer und die Flügel übrig sind. Das Fettkraut hat die Fliege gefangen und alles Lebendige verdaut!

Dort, wo das Moor so nass und sumpfig ist, dass außer den flach liegenden Torfmoosen, die zwischen sich große Mengen von Wasser festhalten, fast nichts anderes mehr wächst, glitzert es an manchen Stellen: Eine nur wenige Zentimeter große Rosette von lang gestielten, rundlichen Blättern scheint über und über mit Tautropfen bedeckt zu sein, Tautropfen, die im Sonnenlicht prächtig glitzern und funkeln: Das ist der *Sonnentau*. Von nahem betrachtet sieht man auf den klei-

Sonnentaupflänzchen mit den winzigen Tröpfchen auf den Blättern.

nen Blättchen dicht an dicht ungezählte, lange, dünne Tentakelhaare stehen, an deren Ende je ein dicker Tropfen glänzt.

Landet eine Fliege auf dem verlockend glitzernden scheinbaren Nektartropfen des Sonnentaus, so klebt sie fest. Die benachbarten Tentakeln krümmen sich herüber, sodass die Fliege in den zähen Tropfen völlig verklebt und schließlich erstickt. Dann drücken die Tentakeln die Fliege an die sich einwölbende Blattfläche, wo sie innerhalb von einigen Tagen zersetzt und verdaut wird. Anschließend öffnet sich das Blatt langsam wieder und ist bereit, die nächste Fliege zu fangen und zu verdauen – dreimal insgesamt, dann welkt es.

Als wäre nichts geschehen und als sei er eine harmlose, gewöhnliche Pflanze, schiebt der Sonnentau einen fingerlangen Stängel mit winzig kleinen, weißen Blüten hinauf. Mittags bei hellstem Sonnenschein öffnet er sie: Schaut her, ich bin unschuldig!

Pflanzen, die so ganz und gar außergewöhnlich leben, sind oft giftig oder Heilpflanzen: Der Sonnentau wirkt wie ein Antibiotikum, also ein Bakterien und anderes Leben abtötendes Mittel. Früher hat man ihn deshalb gegen Lungentuberkulose verwendet. Heute ist diese sonderbare Pflanze so selten geworden, dass sie streng geschützt ist!

Außerhalb der Tundra gibt es weitere insektenfangende und -verdauende Pflanzen. Die bekannteste ist die *Venus-Fliegenfalle*: Sie kommt nur in einem kleinen Gebiet an der Küste der nordamerikanischen Bundesstaaten North- und South-Carolina vor. Bisher gelang es nicht, sie in ein anderes Gebiet umzusiedeln. Zwar kann man sie in vielen Blumengeschäften kaufen, doch ist es sehr schwer, sie richtig zu pflegen, darum gehen die meisten Pflanzen bald wieder ein.

Die Blätter sitzen alle in einer Rosette am Boden. Der etwa zehn Zentimeter lange Blattstiel trägt die daumennagelgroße Blattfläche, die an ein Paar leere Muschelschalen erinnert: Die beiden ovalen Hälften stehen halb zusammengeneigt. Am Rande tragen sie fünfzehn bis zwanzig lange, dünn ausgezogene Zähne, wie die Zinken einer Heugabel.

Setzt sich nun eine Stubenfliege auf die rote Innenseite der Blattfläche, läuft hin und her und berührt eines der drei Sinneshaare, so schnappt die Fläche zu, die Zähne verschränken sich und die Fliege sitzt in der Falle! Manchmal entkommt die Fliege jedoch, dann öffnet sich die Falle langsam wieder – einen ganzen Tag lang braucht sie dafür. Ist die Fliege aber gefangen, so drücken sich die beiden Fallenhälften in den nächsten Stunden so dicht aneinander, dass die Fliege an die beiden Flächen gepresst und dort von Verdauungssäften zersetzt wird. Wenn die Falle sich nach mehreren Tagen wieder öffnet, ist nichts als der harte Fliegenpanzer übrig. Wie beim Sonnentau kann jedes Blatt dreimal eine Fliege fangen, dann ist es erschöpft und welkt.

Man kann die Venus-Fliegenfalle auch täuschen, indem man eines der Sinneshaare auf der Falle mit dem Finger berührt – auch dann schnappt sie zu! Natürlich passiert dem Finger nichts. In Fantasie-

Die Venusfliegenfalle hält ihre Fallenblätter bereit.

romanen mag es auf fernen Inseln so große Fallenpflanzen geben, dass ein Mensch in ihnen gefangen würde. In der Wirklichkeit gibt es sie glücklicherweise nicht!

In den tropischen Regenwäldern Asiens hat man weitere insektenfangende Pflanzen entdeckt: die *Kannenpflanzen*. Ihre bis fünfzehn Meter langen, aber sehr schwachen Stämme ranken sich als Lianen zwischen den Bäumen hindurch und halten sich mit Rankenblättern an ihnen fest. Die Enden dieser Rankenblätter bleiben jedoch frei und formen sich zu einem seltsamen Gebilde um, das man niemals für ein Blatt halten würde: ein tabakspfeifenartiger Krug mit einem ein Stück weit darüber sitzenden Deckel. Dieser Deckel schwitzt Nektar aus und lockt dadurch Fliegen an. Die Fliegen bleiben nicht ruhig sitzen, sondern laufen auf der Suche nach weiterem Nektar umher und geraten leicht an den gerippten, aber rutschigen Kannenrand, der mit feinen Wachsschüppchen belegt ist. Sofort rutscht die Fliege auf dem Wachs aus und landet in der Kanne. Sosehr sie auch strampelt, die glatten Wände geben ihren Füßen keinen Halt, und sie kommt nicht mehr heraus. Die Kanne ist mit Verdauungssäften gefüllt, die eine kleine Fliege in wenigen Stunden, eine größere in zwei Tagen völlig auflösen.

Die Kannen werden zwischen fünf und 35 Zentimeter lang und bis zu 18 Zentimeter weit. Man hat außer Fliegen auch schon tote Tausendfüßler und Skorpione, sogar Eidechsen und Mäuse in ihnen gefunden – keines der Tiere kam wieder heraus!

Allen insektenfangenden Pflanzen fehlt es an bestimmten Stoffen in ihrer Nahrung, entweder weil sie im Boden nicht vorhanden sind oder weil sie sie nicht aufnehmen können. So rauben sie sich die Nahrung aus der Luft, von den Tieren, und werden dadurch selber tierähnlich. Man sollte sie aber doch nicht mit Tieren verwechseln, denn eigentlich sind auch sie Kinder der Sonne, die mit ihren grünen Blättern vom Sonnenlicht leben. Die Tiernahrung ist nur ein Zusatz.

Im Garten und auf dem Feld

Einen Garten ohne Gärtner gibt es nicht, ein Feld ohne Bauern ebenso wenig. Zwar wachsen die Pflanzen von allein, doch hat sie der Gärtner gesät oder gepflanzt, hat sie gegossen und angebunden, gedüngt oder beschnitten. Es sind Pflanzen, die aus aller Welt zusammengetragen worden sind: aus Amerika, dem Vorderen Orient, China oder Japan. Natürlich gedeihen nicht alle Pflanzen dieser Welt in unseren Gärten: Manchen ist es zu kalt, vor allem im frostigen Winter, manchen zu warm und trocken, wieder andere vertragen keinen nassen Boden. Dennoch gibt es viele, die bei uns gedeihen und blühen können. Dazu kommen Züchtungen wilder Pflanzen, wie Getreide oder Rosen, die es nur in Gärten, aber als Wildpflanzen *so* gar nicht gibt. Manche müssen besonders gepflegt werden, brauchen ein Gewächshaus oder einen Gartenteich, eine sandige Stelle oder halbtags Schatten; manche Samen brauchen Frost, um zu keimen. Der Gärtner und der Bauer müssen ihre Pflanzen sehr gut kennen, damit alle gedeihen. Oft genug muss der Gärtner Pflanzen, die von selber kommen und andere bedrängen, umsetzen oder herausreißen. Täte er nichts, wäre sein Garten bald überwuchert und vom Wald übernommen.

Sonnenblumen

Blühende Sonnenblumen strahlen Sommer aus, warmen Sommer voller Sonnenschein. Sie bringen gelb-orange Üppigkeit und breitglänzende Pracht in den Garten oder ins Wohnzimmer, selbst wenn es draußen schon herbstlich kühl wird und graue Nebel und Schauer über das Land gehen. Ganz offenbar kommen die Sonnenblumen von weit, weit her, aus Ländern, in denen die Sonne kräftiger und brennender scheint und es weniger regnet als bei uns: Sie stammen aus den früher unendlich weiten Steppengebieten Nordamerikas, die so trocken sind, dass dort nur vereinzelte Baumgruppen genügend Wasser zum Leben fanden, zwischen ihnen aber mannshohe, wogende Gräser die Ebenen und flachen Hügel überzogen, soweit der Blick reichte. Inmitten der Gräser standen hohe Blumen, eben die Sonnenblumen, aber auch die ebenfalls gelb blühende Sonnenbraut und das Mädchenauge oder der violette Purpurhut. Schon den Indianern gefielen die Sonnenblumen, und sie pflanzten sie zur Zierde an und verspeisten ihre Kerne.

Sonnenblumen brauchen nicht nur viel Sonne und Wärme, sondern auch einen guten, fruchtbaren Boden, denn in einem einzigen Jahr wachsen die kleineren Sorten einen Meter hoch, die großen aber vier Meter! So müssen wir sie im Garten gut düngen, damit sie kräftig werden und nicht verkümmern!

Man kann die Sonnenblumensamen leicht zum Keimen bringen, ja oft keimen sie von selbst, wenn die Meisen die Samen am Vogelhaus verschleudern und diese irgendwo ein Plätzchen finden: Erst bricht ein weißes Würzelchen aus der trockenen Schale heraus. Ist es fest im Boden verwurzelt, streckt sich ein Spross in die Höhe und trägt den flachen Samen mit sich hinauf. Dort oben verwandeln sich die beiden flach aufeinander liegenden Samenhälften in dickliche, grüne Keimblätter und klappen sich mit der Innenseite nach oben auf. In ihnen stecken so viel Fett und Öl, dass sich das kleine Pflänzchen eine Weile von ihnen ernähren kann, so lange, bis es die ersten richtigen Laubblätter ausgebildet hat: kräftig gestielte, herzförmige und so rau behaarte Blätter, dass es zwischen den Fingern knirscht, wenn man sie reibt.

Nun schiebt die Sonnenblume ein Blatt nach dem anderen hervor, während gleichzeitig der Stängel in die Höhe wächst. Die Blätter werden immer größer, sehen aber eines wie das andere aus: lang gestielt, herzförmig, am Rand gezähnelt und rau behaart. Viele, sehr viele Blätter entfaltet die Sonnenblume an dem meterlangen Stängel, und alle sehen gleich aus. – Wie bei einem Menschen, der immerfort dasselbe erzählt, beginnt man sich bald zu langweilen, verliert irgendwann die Geduld und hofft, dass etwas Neues geschieht! Und es geschieht: Manchmal ist es nur *eine* große, von vielen Laubblättern umhüllte Knospe, manchmal sind es auch viele kleine auf vielen Seitenästchen. Immer dicker und dicker wird sie, kann fast einen halben Meter breit werden, bis sie schließlich aufgeht und in einem üppigen Kranz die goldgelben oder gelb-braunen Blütenblätter zeigt.

Man könnte meinen, dass die gelben Blütenblätter eine einzige riesige Blüte umkränzen. Doch wer sie sich genau anschaut, wird sehen, dass dort hunderte und tausende kleiner Blüten nebeneinander stehen – jede nicht länger als ein Fingernagel breit und doch eine vollständige Blüte: je fünf gelb-braune Kronblätter mit kurzen Zipfeln; fünf Staubblätter, die, eng aneinander stehend, eine Röhre formen und damit den Stempel des Fruchtblattes umschließen; die Kelchblätter klein und unscheinbar, doch das Fruchtblatt, aus dem später der Sonnenblumenkern reift, schon jetzt dick und kräftig. Dicht an dicht stehen die kleinen Blüten in einer komplizierten Spirale, die wie ein geometrisches Zirkelmuster aussieht. Man kann sie gut erkennen, wenn man gerade von oben auf sie schaut. Nie blühen alle Blüten gleichzeitig: Die äußersten beginnen, dann öffnen sich die weiter innen stehenden, bis zum Schluss die Blüten in der Mitte blühen. Es ist also eine viele Tage lang andauernde Blütenwelle, die über die Sonnenblume hinwegrauscht. Manchmal erkennt man sogar, dass sie in Form einer vielbogigen Spirale verläuft.

Was aber sind die schönen, großen, gelben Blütenblätter am Rand des Blütenkorbes? Sie sind auch Blüten, aber viel größer als die anderen: Ihre fünf Kronblätter sind miteinander zu einem einzigen, großen Kronblatt verwachsen, sodass es länger und auffälliger aussieht als die kleinen Blüten in der Mitte. So schön diese Randblüten aussehen – für Staub- und Fruchtblätter hat es bei ihnen nicht gereicht. Sie haben keinen Blütenstaub und keine Narbe, können also nicht bestäuben und nicht bestäubt werden, das heißt auch keine Samen bilden. Man versteht sie nur, wenn man den Blütenkorb als Ganzes anschaut: Alle

Blüten stehen gemeinsam zu einem großen Blütenstand zusammen, der wiederum wie eine große Blüte aussieht. Schon bei einer einzelnen Blüte stehen ja viele verschiedene Blattorgane zu einer gemeinsamen Form zusammen. Das wohlgeordnete Körbchen der vielen Blüten nennt man deshalb auch eine Überblüte, weil es die vielen Blüten zusammenfasst, wie eine Blüte die vielen Blattorgane. Es heißt auch das Köpfchen oder Körbchen, und alle Blumen mit einem solchen Körbchen gehören zur großen Familie der Körbchenblütler oder Korbblütler: Die Margeriten, das Gänseblümchen, die Kornblumen und viele andere gehören dazu.

Unter den Blüten befindet sich ein dickes gemeinsames Polster, das sich fast wie Schaumgummi anfühlt, wenn man es aufschneidet. Es ermöglicht allen Blüten, gemeinsam auf einer Höhe zu stehen. Es ist damit für die Blüten etwas Ähnliches wie ein Baumstamm für die Blätter: wie heraufgehobene Erde oder wie ein Balkon, der alle auf dieselbe Ebene hebt. Die Bienen, Hummeln und Schmetterlinge wissen dies zu schätzen. Sie können auf dem Blütenköpfchen von einer Blüte zur anderen spazieren und ihren Rüssel tief in den Nektar der kleinen Blütenröhren hineinsenken. Die großen Randblüten bergen natürlich keinen Nektar.

Die ganze sonnenartig geformte Sonnenblume heißt nicht umsonst so: Wenn sie ganz jung ist, wendet sie ihr Sonnengesicht morgens der aufgehenden Sonne zu und folgt den ganzen Tag ihrem Lauf, indem sie das Körbchen mit der wandernden Sonne mitdreht. Im Französischen heißt die Sonnenblume deswegen «tourne-sol», der Sonnendreher oder Sonnenwender. Ältere Pflanzen drehen sich nicht mehr, sondern bleiben immer der hellsten Stelle zugewendet.

Sind die Blüten verblüht, reifen die Sonnenblumenkerne und werden dick und schwer – wiederum am Rand beginnend und nach innen fortschreitend. Der große, verwelkte Blütenkorb hängt nun recht jämmerlich herunter und sieht von außen schon etwas zerzaust aus.

Bienen besuchen gerne Sonnenblumen.

Jetzt kommen Meisen, Kleiber und Gimpel, klauben sich die Kerne heraus, knacken sie mit ihrem Schnabel und verspeisen den leckeren Kern. In Russland tun es ihnen die Menschen gleich: Eine Hand voll Sonnenblumenkerne dabei zu haben und genüsslich zu knacken ist dort sehr beliebt. Meist aber presst man das Öl aus den Samen, sodass man es als Salatöl verwenden kann.

Am schönsten ist es, eine verblühte Sonnenblume für die Vögel stehen zu lassen. Wer dies nicht kann, sollte ihnen etwas Vogelfutter hinstreuen. Darinnen sind immer Sonnenblumenkerne enthalten, die den Vögeln auch im Winter etwas von der leuchtenden Sonnenblumensonne scheinen lassen!

Löwenzahn und Wegwarte

Der Löwenzahn ist keine solch prächtige Erscheinung wie die Sonnenblume. Den größten Teil des Jahres übersieht man ihn zwischen den Gräsern. Erst wenn er im April und Mai mit seinem strahlenden Gelb das Wiesengrün belebt und kleine Kinder dicke Kränze aus seinen Blüten winden, fällt er uns auf – und natürlich etwas später als Pusteblume …

Eigentlich könnte man ihn das ganze Jahr über sehen, denn seine robusten Blätter erfrieren auch im Winter nicht; sie fallen nicht ab, sondern stehen frisch und grün in ihrer Rosette. Von ihrer wild gezackten Blattform mit den großen und kleinen Zähnen hat der Löwenzahn seinen Namen. Die scharf gezackten Blätter werden auf mageren, sandigen Böden nicht größer als ein kleiner Finger lang; auf feuchten, gut gedüngten und etwas schattigen Wiesen hingegen erreichen sie eine Länge von fast einer Elle – mit breiter, strotzender Blattfläche und großen, aber nicht sehr tief eingekerbten Zähnen.

Alle Blätter bleiben in einer Rosette stehen, ohne je an einem Stängel zu wachsen. Sie sehen sich alle so ähnlich, dass man – mit Ausnahme der allerersten Keimblätter – kaum sagen kann, welches frühe Blätter und welches späte sind. Der Löwenzahn wiederholt sich immer und immer wieder. Zum Herbst und Winter hin wachsen etwas kleinere Blätter, doch im nächsten Frühjahr erscheinen wieder größere – und so fort, über viele Jahre oder gar Jahrzehnte, ohne dass sich etwas zu ändern scheint. Man kann diese Blätter als leckeren, leicht bitteren Salat essen. Bildet er aber Blüten, wird der weiße Milchsaft in den Blättern so streng, dass sie nicht mehr schmecken.

Im Herbst legt der Löwenzahn knapp unter seinen Blättern eine oder mehrere dicke, runde Knospen an. Nach langem Winterwarten geht es im April plötzlich ganz schnell: In wenigen Stunden wächst ein Stängel, der die Knospe über das umstehende Gras hinausschiebt. Dort geht sie zu der schönen, leuchtend gelben Blume auf, die jeder gut kennt.

Wieder ist es nicht nur eine einzelne Blüte, die wir sehen, sondern – wie bei der Sonnenblume – ein ganzer Blütenstand von hunderten kleiner Blüten, die zu einer Überblüte zusammenstehen. Doch beim Löwenzahn gibt es keine Unterschiede zwischen inneren und äußeren Blüten; alle sind wie die äußeren Sonnenblumenblüten geformt: die fünf Kronblätter zu einer großen Zungenblüte verwachsen, deren fünf winzige Spitzenzipfel noch verraten, woher sie kommen. Die fünf Staubblätter tragen sehr viel gelben Blütenstaub, wie jeder weiß, der seine Nase schon einmal zu tief in eine Löwenzahnblume gesteckt hat. Die Bienen, die tief zwischen die Blüten hinunterkrabbeln, um dort nach dem reichlich vorhandenen Nektar zu suchen, werden dick mit Blütenstaub eingestäubt. Sie bürsten ihn sich anschließend mit ihren Beinen wieder aus ihrem Pelz hinaus, sammeln ihn in den Körbchen an ihren Beinen und nehmen ihn mit in den Bienenstock, wo sie ihn lagern und im Winter zum Essen herausholen.

Abends schließen sich die Löwenzahnköpfchen, sodass nur noch die grünen Hüllblätter zu sehen sind. Erst morgens mit dem ersten Sonnenschein öffnen sie sich wieder und scheinen goldgelb der Sonne entgegen. Doch eines Morgens bleiben sie geschlossen; nur ein heller

Nur die Köpfchen des Löwenzahns sind in dieser üppigen Wiese zu sehen.

Flausch ist oben an der Spitze zu sehen. Endlich geht die Knospe wieder auf, entfaltet jedoch keine Blüte mehr, sondern ein volles, rundes Büschel feinst gefiederter Härchen: die bis dahin versteckten, nun ausgewachsenen Kelchblätter, die jetzt an einem verlängerten Stielchen die Samen tragen. Noch sitzen die Samen fest im Blütenboden, und die Schirmchen bilden eine runde, durchscheinende Kugel. Doch vom Wind (oder einem pustenden Kind) davongeblasen fliegen sie in die Höhe. Dabei hängt jeder Same wie ein Fallschirmspringer an seinem Schirm. Oft weht er nur eine paar Meter weit; treibt ihn jedoch ein Windstoß hinauf in höhere, kräftigere Winde, so kann er viele Kilometer weit, durch ganz Europa, ja bis nach Sibirien verweht werden und dort keimen. Auch dort wächst Löwenzahn.

Die unbegrenzte Lebensfähigkeit des Löwenzahns, dem kein Stängel vertrocknet oder verwelkt und dessen Blätter das ganze Jahr über lebendig bleiben, zeigt sich auch unter der Erde: Man kann die ganze Löwenzahnrosette herausreißen oder abschneiden:

Aus ihren Wurzeln werden in Kürze viele neue Blattrosetten herausprießen, die nur umso kräftiger wachsen. Die Wurzeln sind wie die Blätter voll von weißem Milchsaft. Wenn man sie röstet, bekommen sie einen angenehm bitteren Kaffeegeschmack, weshalb man sie gerne in Malzkaffee verwendet. Auch die Wurzeln verholzen nicht und brechen nicht leicht, sondern sind sehr elastisch. Es sind Pfahlwurzeln, die senkrecht in die Erde hineinwachsen, aber kräftige Nebenwurzeln bilden, die ebenfalls senkrecht hinunterstreben – oft über einen Meter tief.

Der Gärtner mag sich manchmal ärgern, dass der Löwenzahn immer wieder nachwächst. Wir aber können nur staunen, dass es eine Pflanze gibt, die so dauerhaft lebenskräftig ist, können den würzigen Salat genießen und uns an den gelben Blüten und den Pusteblumen erfreuen!

«Warum gießen Sie denn das Unkraut?», fragte die Nachbarin über den Gartenzaun erstaunt und etwas empört, als ich die frisch eingepflanzten *Wegwartenpflänzchen* angoss. Sie hatte die kleinen Wegwarten für Löwenzahn gehalten – und wirklich sehen sich beide als junge Pflänzchen so ähnlich, dass man sie nur mit großer Mühe unterscheiden kann. Beide haben fast die gleichen Blätter, und beide wachsen im ersten Jahr mit den Blättern flach am Boden liegend als Rosette. Aber während der Löwenzahn immer eine Rosette bleibt, schiebt die Wegwarte im Sommer ihres zweiten Jahres einen Stängel empor – nicht gerade, sondern recht sparrig, etwas gewinkelt und mit zahlreichen Seitenästchen, doch oft über einen Meter hoch. Der Stängel sieht von außen bald etwas grau aus – nicht so lebenskräftig wie der Löwenzahn –, und von innen verholzt er, wird steif, aber auch brüchig. Kleine, dreieckig-lanzenförmige Blätter sitzen an ihm. Ein bisschen kahl sieht er aus.

Die Wegwarte kam früher häufig auf trockenen und mageren Wiesen vor, heute vor allem an steinigen Wegrändern. Im Sommer legt sich der Straßenstaub auf ihre ohnehin schon grauen Stängel und Blätter. Dann sieht die sparrige Wegwarte aus, als ob sie schon stun-

An diesem heißen Vormittag werden die Blüten der Wegwarte bald verblüht sein.

den- und tagelang erfolglos am Wegrand wartete – woher sie auch ihren Namen bekam.

In den Achseln der Blätter haben sich inzwischen kleine, feste Knospen gebildet: lang gestreckt und von schmalen, grau-grünen Hüllblättern eingeschlossen. Eines Morgens im Hochsommer mit Sonnenaufgang öffnen sie sich in kurzer Zeit ganz und gar. Wie überrascht ist man aber, dass sich an der trockenen, sparrigen Wegwarte solch zarte, hellblaue, leicht rosa getönte, große Blumen öffnen! Wer hätte das der verstaubt Wartenden zugetraut? Aber nicht lange bleibt der Glanz ihrer himmelblauen «Augen» offen und sichtbar: Wenn die Sonne ihren höchsten Stand am Mittag erreicht und heiß vom Sommerhimmel brennt, dann sind die «Augen» der Wegwarte schnell müde, die Blumen bereits verblüht und wieder geschlossen. Doch am nächsten Morgen stehen die nächsten Knospen bereit, öffnen sich zu frischen, schönen Blumen und verwelken am Mittag wieder. So geht es viele Wochen lang, während die Wegwarte

Blütenköpfchen der Wegwarte.

ausdauernd am Wegrand wartet, denn sie kann über zweitausend Knospen bilden!

Wieder sind die Blumen keine einzelnen Blüten, sondern ein ganzes Körbchen voller Blüten: außen die flach ausgebreiteten Zungenblüten, innen die kleinen Röhrenblüten.

Sind die Blüten eines Körbchens verblüht, so reifen die Samen aus. Diese tragen nicht einen solch schönen, breit ausgespannten Fallschirm wie die Löwenzahnsamen, sondern nur einen kleinen Kragen aus kurzen Härchen. Der Wind trägt sie nicht weit fort, sodass sie in der Nähe bleiben und dort keimen. Deshalb sind manche Wegränder dicht von Wegwarten bewachsen: Geht man dort am frühen Morgen, so schwimmt der Weg rechts und links in einem zarten, hoffnungsvollen Himmelblau. Kehrt man in der Mittags- oder Nachmittagshitze müde zurück, liegt nur trockener Staub über den kargen, fast tot aussehenden Pflanzen.

Um auch in der heißen Sommerdürre an solchen Stellen nicht zu vertrocknen, schiebt die Wegwarte eine Pfahlwurzel tief in den Boden hinab. Mit ihren Verzweigungen und Wurzelhärchen saugt sie das bisschen Feuchtigkeit dort ein. Sie ist nicht so strotzend lebenskräftig wie die Löwenzahnwurzel: Sticht man die Pflanze von der Wurzel ab, kann diese nicht wieder Blätter austreiben, sondern stirbt ab. Gräbt man im Herbst aber eine einjährige Wegwartenpflanze mitsamt der Wurzel vorsichtig aus, schneidet alle Blätter zurück, setzt das Ganze in ein frostfreies Gewächshaus und deckt es gut mit Erde oder einer dunklen Plane ab, so sprießen aus den kräftigen Wurzeln erneut Blätter heraus. Wegen der Dunkelheit werden sie nicht grün, sondern bleiben bleich, weiß und gelblich. Mitten im Winter kann man sie ernten: handspannenlange Knospen aus fest zusammenstehenden Blättern – den bekannten Chicorée, den man als Salat oder Gemüse zubereiten kann, mit seinem angenehmen, leicht bitteren Geschmack. Noch etwas kräftiger schmeckt der Radicchio rosso (sprich: Radíkkio), dessen Blätter weiß und rot gefärbt sind, also ebenfalls nicht grün, denn auch er ist eine besondere Wegwarte, deren Blätter wie der Chicorée im Dunklen austreiben.

Erst im 19. Jahrhundert fanden belgische Bauern diese Kulturmethode zufällig heraus, als sie die überzähligen Pflanzen ihrer als «Brüsseler Salat» angebauten Wegwarten im Gewächshaus vor dem Erfrieren retten wollten. Wie gut, dass wir seither Chicorée und Radicchio selbst mitten im Winter als frisches Gemüse bekommen können – noch dazu solches, das eigentlich himmelblau blühen würde!

Lein oder Flachs

Der Lein, auch Flachs genannt, wurde früher auf jedem mitteleuropäischen Bauernhof angebaut, und zwar nicht im Garten, sondern auf großen Feldern. Heute sind Flachsfelder in Deutschland selten

Das Leinfeld ist ein wogendes Meer von Himmelblau.

geworden; man findet sie aber noch in Irland, Polen und Russland.

Was ist der Lein? Eine schmale Pflanze, dünn wie ein Faden, der senkrecht und ohne Verzweigungen bis in achtzig Zentimeter Höhe wächst. Ebenso schmale und kurze, aber weiche, hell-blaugrüne Blätter stehen schräg aufwärts gerichtet um den Stängel. Erst wenn viele Leinpflanzen dicht an dicht auf dem Feld stehen, nimmt man sie wirklich wahr: Ein zartgrünes, weiches Feld liegt vor einem, in das sich der Wind mit Wellen und Kräuseln legt.

Im Mai geschieht mit dem zartgrünen Feld eine wundersame Verwandlung: Früh morgens öffnet sich oben auf jeder Leinpflanze eine Blütenknospe, groß wie ein Daumen breit, von heller, durchscheinend-himmelblauer Farbe, zart hellblau geädert. Das Flachsfeld liegt jetzt im Morgenlicht wie ein kühler, blaugrün glänzender Ozean, der vom Wind gewellt wird. Liegt der Tau noch auf Blättern und Blüten, so funkelt der Ozean wie mit Edelsteinen.

Mittags, wenn die Sonne hoch am Himmel steht und das Feld trocken daliegt, dann jubilieren wohl noch die Lerchen, die im Leinfeld brüten, hoch oben in der Luft, doch alle blauen Blüten sind schon verwelkt. Der Lein ist eine Pflanze der kühlen Morgenfrühe. Bereits am nächsten Morgen glänzt das Feld wieder in der himmelblauen Pracht der nächsten Blüten – und so viele Morgende lang!

Danach bildet jede Blüte eine erbsengroße Kapsel. Die nimmt bald, ebenso wie die ganze Pflanze, die schon nach hundert Tagen reif wird und welkt, eine gelb-braune Färbung an. In der Kapsel sitzen sechs oder sieben flache, braune Leinsamen, die man wegen des guten Leinöls erntet.

Oft will man aber gar nicht nur die Leinsamen ernten, sondern die ganze lang gezogene Leinpflanze. Heute geschieht dies mit Maschinen, aber früher musste man alles von Hand machen: Zuerst «raufte» man den Flachs, man riss ihn mitsamt der Wurzel – weil auch sie noch verwendbar ist – aus dem Boden und legte ihn in Bündeln kreuzweise flach aufs Feld, sodass er trocknete. Anschließend wurde er «geriffelt»: Man zog ihn durch einen Riffelbalken mit mehreren Eisenkämmen, um die Samenkapseln abzustreifen.

Dann kamen die Flachspflanzen für mehrere Tage in die «Röste» oder «Röthe»: ein Wasserloch, das es früher auf jedem Hof gab. Dort verfaulten die Stängel und stanken gewaltig! Nach mehreren Tagen, halb angefault, wurden sie auf einer Wiese ausgebreitet, sodass zwei bis drei Wochen lang abwechselnd Sonne und Tau über sie gingen: die Tauröste. Dadurch wurden die Stängel noch brüchiger. Schließlich wurden die noch einmal getrockneten Flachsbunde «gebrochen»: auf Holzgestelle mit scharfkantigen Schienen gelegt, in die genau ein Hebel passte, der jetzt mit Kraft immer wieder auf die Flachsbunde gedrückt wurde. Das war eine schwere und schmutzige Arbeit, aber schließlich löste sich die Stängelrinde ganz ab, und strohgelbe Leinenfasern schienen wie Gold aus dem Schmutz hervor. Noch immer nicht fertig, mussten die Leinenfasern nun über Nagelbretter durchgezogen, «durchgehechelt» werden, sodass sie glatt und gekämmt herauskamen.

Die glatten Leinenfasern konnte man nun zu feinen, aber sehr festen Leinenfäden verspinnen. Das war eine fröhliche Arbeit, denn die Mädchen und Frauen des Dorfes trafen sich an den langen, dunklen Winterabenden in einer großen Stube und spannen gemeinsam beim schwachen Schein einer Kerze oder Petroleumlampe, denn zum Spinnen braucht man weniger die Augen als vielmehr ein feines Gefühl in den Fingern. Viele Geschichten wurden dabei erzählt, viele Lieder dabei erfunden und gesungen, vor allem in Deutschland und Irland, wo besonders viel Flachs angebaut und verarbeitet wurde und noch heute viele «Spinnstubenlieder» erhalten sind. Ein Beispiel für ein solches irisches Lied ist «The Spinning Wheel», wo es im Refrain heißt:

> Merriliy, cheerily, noiselessly whirring,
> spins the wheel, rings the reel, while the foot's stirring;
> sprightly and lightly and airily ringing,
> trills the sweet voice of the young maiden singing.

Frei übersetzt:

> Fröhlich, gemütlich und leise surrend
> Rädchen ringt, Spule klingt, Fuß bewegt's schnurrend;
> lebensvoll, luftig-leicht, unbesorgt klingen
> und trillern die süßen Jung-Mädchen-Stimmen.

Später verwebte man die feinen Leinenfäden zu angenehm kühlen, glatten und glänzenden Stoffen, aus denen man wiederum Bettwäsche, Tischtücher und Kleider nähte. Die gröberen und unregelmäßigeren Fäden, die die Anfängerinnen gesponnen hatten, wurden zu Segeltuch oder Sackleinwand gewebt oder zu Stricken und Seilen gedreht.

Die zarte Leinenpflanze war also, bevor in Europa die Baumwolle eingeführt oder Synthetikfasern erfunden wurden, ganz und gar unersetzlich – kein Wunder, dass sie auf jedem Hof angebaut wurde! Ja, man kann sogar sagen: Christoph Columbus hätte ohne den hellblauen Lein Amerika nicht entdeckt: Ohne feste Leinenstoffe hätte er keine Segel für seine drei Schiffe gehabt und wäre niemals in Amerika angekommen!

Die Maler brauchten den schönen Lein gleich doppelt: wegen der Leinwand, auf die sie ihre Bilder malten, und wegen des Leinöls, in dem sie die trockenen Farbstoffe erst einmal zu Ölfarben anrühren mussten, ehe sie sie auftragen konnten.

Heute hat man herausgefunden, dass das goldgelbe Leinöl in den Samen des dürren Leins Herz und Gehirn gesund erhält. Wer hätte das alles diesem edlen Liebhaber der kühlen, taunassen Morgenfrühe zugetraut?

Die Akelei

Anfang Mai, wenn im Wald die prallen Knospen der Rotbuchen aufplatzen und die weichen, zartgrünen Blättchen sich aus der engen Umhüllung drängen und ausfalten, wenn das Frühlingssonnenlicht diese noch durchscheinenden Blätter durchleuchtet und auf den feuchten, schwarzen Waldboden trifft, dann bescheint es dort außer den frisch-grünen Waldgräsern vielleicht auch die ersten Akeleiblüten, die wie zarte blaue Glöckchen von vollendet gebogenen Stängeln herabhängen: schwebend leicht, in sich abgeschlossen und doch ein wenig geöffnet.

Leider ist dieser schöne Anblick selten geworden, die Akelei kommt in unseren Wäldern weniger und weniger vor. Da sie aber zur Zierde häufig in den Gärten ausgesät wird und dort leicht und gut gedeiht, wollen wir sie hier im Gartenkapitel betrachten.

Nur die herausragenden Spitzen der Fruchtblätter lassen etwas von dem Inneren der Akeleiblüte erahnen.

Zur Blütezeit sieht man die weichen, hellgrünen Blätter, die auf langen Blattstielen aus der Erde ragen und gemeinsam mit ihren fein zerteilten, rundlichen Blattfiedern eine Halbkugel formen, eine Halbkugel, die mit der runden Seite nach oben liegt und wie ein grüner Springquell aussieht. Über dieser Blatthalbkugel ragen die Blütenstängel als steiles und gerades Büschel hinauf, enden aber nicht spitz, sondern wenden sich, etwa in Kniehöhe, in ebenmäßigen kleinen Halbbögen wieder zum Boden zurück. An ihrem Ende sitzen die Blütenglöckchen – eines neben oder über dem anderen.

Die Blüten sind von ganz besonderer zierlicher Schönheit: Aus der Entfernung sehen sie wie dunkelblaue, unten offene und oben geschlossene Halbkugeln aus. Aus der Nähe sieht man jedoch, dass jedes der fünf unten geöffneten Kronblätter tütenförmig geformt und nach oben zu einem feinen, dünnen Sporn ausgezogen ist, der aber nicht gerade endet, sondern sich wie ein Schwanenhals in elegantem Bogen zurückwendet.

Fünf solcher Schwanenhälse neigen sich über der Blütenmitte zusammen. Außen um die Blüte sitzen noch einmal fünf blaue Blütenblätter, die sich, wie Flügel geformt, teils an die Blüte anschmiegen, teils sich halb geöffnet von ihr abspreizen. Die ganze Blüte sieht wie fünf kleine, zusammensitzende Täubchen aus, woher vielleicht ihr englischer Name «Columbine» herrührt.

Das Blüteninnere bleibt unseren Blicken verborgen. Erst wenn man neugierig die Blüte herumdreht, sieht man das Büschel der hellgelben Staub- und Fruchtblätter in der Mitte stehen – wie einen leuchtenden Schatz in dem blauen Gefäß. Solange die Blütenknospe noch klein ist, richtet sie sich spitz und gerade dem Licht zu, als geöffnete Blüte schwenkt sie der Erde zu, und erst wenn sie verblüht ist, richten sich die Fruchtblätter mit den Samen wieder nach oben – eine Entwicklung vom Licht zur Erde und wieder zurück zum Licht.

Die Akelei wurde am Ende des Mittelalters sehr geschätzt, da sie offene Wunden, Geschwüre und Mundfäule heilen kann. Noch mehr geschätzt, ja geradezu verehrt wurde sie aber, weil man in ihren schönen Blüten ein Abbild Marias und der Christgeburt sah: Die Entwicklung vom Licht zur Erde und wieder zurück zum Licht ist ja auch der Weg des Christus aus dem Himmel zur Erde und wieder zurück in den Himmel. Und wie die zart schwebenden Blüten ihr gelb leuchtendes Inneres umhüllen und dann doch sichtbar machen, so stellte man auch Maria, die Mutter Christi, dar: mit blauem umhüllendem Mantel, unter dem das Kind heranreift und schließlich zur Welt kommt. Die großen Maler dieser Zeit, wenn sie Maria mit dem Christuskind malten, haben ihr oft eine blühende Akelei an die Seite oder zu ihren Füßen gestellt.

Eines der wenigen Bilder, auf dem die Akelei ohne Maria erscheint, zeigt statt ihrer Johannes den Täufer «in der Einöde». Es ist die Zeit, noch bevor Johannes Jesus im Jordan taufte, in der er aber schon oft

Johannes der Täufer mit Akelei, Distel und Lamm.
Gemälde von Geertgen tot Sint Jans.

auf den kommenden Christus hinwies. Wir sehen Johannes auf einer schönen Waldwiese, umgeben von Vögeln und anderen Tieren. Sein Kopf ist in seine rechte Hand gestützt, und er schaut sinnend und nachdenklich vor sich hin. Sein Blick fällt auf eine große Akelei zu seinen Füßen in der vorderen linken Bildecke. In der rechten vorderen Ecke steht dagegen eine Kratzdistel – Bild für die Dornenkrönung und den Tod Christi: Johannes' Gedanken gleiten von der Akelei, der Geburt Jesu, zur Distel, zu Kreuzigung und Tod. Dazwischen erscheint ihm das Lamm mit der Strahlenkrone – das Bild für den sanftmütigen Christus selbst. Das ganze Leben Christi steht ihm vor Augen, noch bevor er ihm selbst am Jordan begegnet ist. Nur der Betrachter, der die Akelei und die Distel gut kennt, kann seine Gedanken lesen – ein anderer versteht gar nichts.

Eisenhut

Auf vielen Gebirgsweiden gibt es Stellen, an denen die Kühe oder Schafe besonders gerne liegen und wiederkäuen oder schlafen und auch ihren Mist dort lassen, sodass es dort immer gut gedüngt ist.

Wenn nun die Kühe weiter grasen und, Schritt für Schritt, mit gesenktem Kopf und Maul, ohne um sich zu schauen, vorangehen, dann steht an solchen Ruhestellen plötzlich der Eisenhut vor ihnen: Strack, gerade und senkrecht ragt er zwischen den Weidekräutern oder zwischen Felsen empor. Tief dunkelblau warnt der lange, blaue Blütenstand, als wäre er eine blau leuchtende Polizeikelle und als wollte er rufen: «Halt, nicht weiter!» Die Kuh wird tatsächlich nicht weiter geradeaus gehen, sondern einen Schritt zur Seite machen und den Eisenhut nicht anrühren. Warum? Das werden wir gleich verstehen. Doch erst einmal wollen wir uns diesen seltsamen Eisenhut genauer anschauen.

Könnten wir unter die Erde blicken, so würden wir dort kräftige Wurzeln sehen, die zur Form eines kleinen Rübchens gewachsen sind und ungemein lebenskräftig sind. Sie können kleine Ableger herausschieben, die sogar selber zu Rübchen heranwachsen und neue Eisenhutpflanzen hervortreiben, welche sich wiederum weiterverbreiten. So kann der Eisenhut ganz unbemerkt unterirdisch wachsen und sich vermehren. Er braucht nur einen gut gedüngten Boden dafür.

Oberirdisch ragt ein etwa meterhoher, steifer und gerader Stängel auf, der sich nicht verzweigt. Wirklich sehen kann man ihn eigentlich nicht, da er ringsum von Blättern umgeben ist. Aber was sind das für Blätter? In zahlreiche, schmale, scharfe Fiedern aufgespalten, sind sie allesamt so angespitzt und strack dem Betrachter entgegengerichtet wie ein Büschel stählerner, geschmiedeter Lanzen aus einem mittelalterlichen Kriegszug. Von unten bis oben starrt der Eisenhut von solchen spitz gefiederten Blättern, nirgends aber gibt es runde oder weiche.

Die blauen Blüten sind nun ganz besonders seltsam: In einer hohen Säule übereinander getürmt, schauen sie alle geradeaus nach den Seiten, als hielten sie in die Ferne Ausschau nach einem drohenden Feind. Fünf Blütenblätter sind es: Zwei zeigen spitz nach unten; zwei nach vorne, erst etwas nach innen, dann nach außen gekrümmt; und das fünfte wölbt sich wie ein eiserner Helm darüber, der tief in die Stirne gezogen ist und dessen vordere Spitze scharf auf den Boden vor sich weist. Unter dem Helm versteckt und unsichtbar ragen zwei ganz schmale Blütenblätter auf, an deren Spitze eine kleine Schneckenform hängt. Dort drinnen ist der Nektar gut versteckt, sodass ihn niemand leicht entdeckt.

Kommt nun eine der dick bepelzten, brummelnden Hummeln auf der Suche nach Nektar, so kann sie sich in die enge Blüte nicht ganz hineinzwängen, sosehr sie auch schiebt und brummt. Doch mit ihrem Rüssel findet sie die schmalen Nektarblätter, und wie von einer Rinne wird ihr Rüssel bis hinauf zum Nektar gelenkt. Dabei bestäubt sie mit dem Bauch die Blüte. Ohnehin haben die Hummeln eine große Vorliebe für kleine, blaue Höhlungen, und so kommen sie gerne im-

mer wieder. Für Bienen, Käfer und Schmetterlinge hält der dunkle Eisenhut jedoch nichts bereit. Manche Bienen aber schlagen ihm ein Schnippchen: Sie beißen ein kleines Loch in den blauen Helm, durch das sie mit ihrem kurzen Rüssel den Nektar aus den Schnecken heraussaugen, ohne die Blüte zu bestäuben.

Wegen seiner eindrucksvollen blauen Blüten wird der Eisenhut auch gerne im Garten angepflanzt – weswegen wir ihn auch in diesem Kapitel betrachten. Aber Vorsicht! Nicht pflücken und auch nicht berühren! Hielte man den Eisenhut in den Händen, würde sein Gift selbst durch die unverletzte Haut einziehen: Zuerst würde es kribbeln, dann würde die Haut kühl, später taub und gefühllos werden. Schließlich würden sich alle Muskeln verkrampfen und sehr starke Schmerzen bei vollem Bewusstsein auftreten. Der Atem würde röchelnd, und schließlich würde man sterben.

Der Eisenhut ist die stärkste Giftpflanze Europas. Aber es ist ein ganz anderes Gift als das des ebenso giftigen Schlafmohns: Es wirkt nicht einschläfernd und betäubend wie dieser, sondern bei vollem Bewusstsein äußerst schmerzhaft!

Von alters her hat man mit dem Eisenhut Köder für Wölfe vergiftet. Doch weil das Gift so stark und gefährlich ist, hatten die Ärzte und Apotheker lange Zeit Angst gehabt, es als Medizin zu erproben: Allzu leicht hätten sie den Patienten, statt zu heilen, vergiften können. Heute benutzt man den Extrakt aus dem Eisenhut stark verdünnt bei Nervenschmerzen, Rheuma, fieberhaften Erkältungen und Grippe. Erstaunlich, wie aus dem Gift bei sorgsamer Behandlung ein Heilmittel wird!

Im Mittelalter sagte man, dass der Eisenhut seine starre Gestalt erhalten habe, als der Erzengel Michael sein Schwert nach dem unter der Wurzel sitzenden Teufel warf – ein passendes Bild für den spitzen, scharf und schneidend wirkenden, hoch giftigen Eisenhut!

Blauer Eisenhut in den Alpen.

Märzveilchen

Am Ende eines langen, kalten und vielleicht grauen Winters sehnt sich jeder nach dem Frühling. Manchmal gibt es im kalten Februar plötzlich einen Tag, an dem der Himmel aufreißt, blau herunterleuchtet und ein neuer Duft heranweht, ein Duft, der verspricht, dass tatsächlich der Frühling kommen wird. So hat es der Dichter Eduard Mörike beschrieben:

> *Er ist's*
>
> Frühling lässt sein blaues Band
> wieder flattern durch die Lüfte.
> Süße, wohlbekannte Düfte
> streifen ahnungsvoll das Land.
> Veilchen träumen schon,
> wollen balde kommen.
> Horch! Von fern ein leiser Harfenton!
> Frühling, ja, du bist's!
> Dich hab ich vernommen!

Noch träumen die Veilchen, sind noch nicht erwacht. Unter Hecken und Gebüschrändern, zwischen dem alten, braunen Herbstlaub, streckt sich schon ein flacher Teppich glänzend-grüner Blätter heraus, kurz, aber von einer fast runden Herzform. Die Sonne steht ja im Februar noch nicht hoch über dem Horizont und hat noch keine Kraft, sie weiter aus dem Boden hervorzulocken. Doch die Veilchenblüten stecken noch gut verpackt in ihren Knospen, umhüllt von fünf Kelchblättern, und träumen von dem, was kommen wird.

Endlich, an einem Tag im März, wenn die Sonne unter die noch kahle Hecke scheint, öffnen sich auch die kleinen Veilchenblüten: Manchmal riecht man sie, wenn man an der Hecke vorbeigeht, eher, als dass man sie sieht, so intensiv ist ihr freundlicher Geruch. Man muss sich bücken, um die kleinen Blüten gut sehen zu können: Fünf tief-dunkelviolette Kronblätter mit hellerem Grund schauen einen an, in der Mitte die kleinen orange-gelben Staubblätter – wie ein noch sehr schüchterner Blick aus dunkelblauen Augen. Eines der Kronblätter ist nach hinten zu einem Sporn verlängert, mit dem Nektar für die Bienen.

Der Veilchenduft ist so harmonisch und erinnert so wohltuend an das Kommen des Frühlings, dass man ihn gerne aufbewahren möchte: als kandierte Veilchenblüten oder als Veilchenblütenöl, das man etwa zu Lakritz dazugibt. Man kann sich denken, dass in einer so kleinen Blüte wie dem Veilchen nur eine winzige Menge Duftöl vorhanden ist. Für ein einziges Gramm Duftöl muss man dreitausend Gramm, also drei Kilogramm, der kleinen, leichten Veilchenblüten ernten! Das ist ein solcher Berg von Veilchenblüten, dass man ihn sich kaum vorstellen kann! Übrigens duften nur die Märzveilchen so gut. Die im April und Mai ganz ähnlich, aber etwas heller blühenden Hundsveilchen oder Waldveilchen duften kaum.

Wenn die Blüten verwelkt sind, bilden die Veilchen trockene, bald aufplatzende Fruchtkapseln mit kleinen Samen. An diesen Samen sitzen ölhaltige Anhängsel. Die Ameisen, die ja überall herumlaufen, nehmen deshalb die Veilchensamen mit in ihren Bau, wo sie das Öl verspeisen. Die übrig gebliebenen trockenen Samen tragen sie bald wieder aus dem Bau heraus in ihre Abfallgruben. Dort wachsen dann neue Veilchen. Die Ameisen haben die Samen also weit verbreitet. Auch Goethe, der Veilchen sehr liebte, verstreute auf seinen Spaziergängen in Weimar gerne Veilchensamen, um so die Welt mit Veilchen zu verschönern. Viele Menschen lieben Veilchen sehr. Die französische Kaiserin Josephine bekam von Napoleon, ihrem Mann, zu jedem Geburtstag einen Strauß Veilchen geschenkt.

Ein weiterer «Kaiser» liebt die Veilchen sehr: der große Kaisermantel-Schmetterling mit seinen orange-roten Flügeln und schwarzen Tupfen! Er fliegt im Sommer in der Nähe von Veilchen umher, scheint dort etwas zu suchen und setzt sich schließlich auf die rissige Rinde von Bäumen in der Nähe, wo er dann seine Eier ablegt. Die

Die innig duftenden Veilchenblüten bleiben zwischen den rundlichen Blättern versteckt.

winzigen Räupchen, die wenige Tage darauf schlüpfen, verstecken sich in den Rissen der Rinde. Erst im Frühling wandern die Räupchen den Baumstamm hinunter und den Waldboden entlang, bis sie einen Teppich von Veilchen finden. Seit sie im Sommer geschlüpft sind, haben sie noch keine Nahrung zu sich genommen. Aber jetzt haben sie Hunger und fressen von den Veilchenblättern, bis sie dick und rund sind. Nichts anderes als Veilchenblätter nehmen sie ihr ganzes Raupenleben lang in sich auf. Wenn nach der Verpuppung der prächtige Kaisermantel geschlüpft ist, würde niemand glauben, dass er durch die kleinen, zurückhaltenden Veilchen so groß geworden ist!

Manche Maler haben das Veilchen geehrt, indem sie es mit der Akelei zusammen auf Marienbilder gemalt haben. Was aber geschieht, wenn man den kleinen Frühlingskünder übersieht, schildert Goethe in einem Gedicht:

Das Veilchen

Ein Veilchen auf der Wiese stand
Gebückt in sich und unbekannt;
Es war ein herzigs Veilchen.
Da kam ein junge Schäferin
Mit leichtem Schritt und munterm Sinn
Daher, daher,
die Wiese her und sang.

Ach! denkt das Veilchen, wär ich nur
Die schönste Blume der Natur,
Ach, nur ein kleines Weilchen,
Bis mich das Liebchen abgepflückt
Und an dem Busen matt gedrückt!
Ach nur, ach nur
Ein Viertelstündchen lang!

Ach! aber ach! das Mädchen kam
Und nicht in Acht das Veilchen nahm,
Zertrat das arme Veilchen.
Es sank und starb und freut sich noch:
Und sterb ich denn, so sterb ich doch
Durch sie, durch sie,
Zu ihren Füßen doch.

So traurig dieses Gedicht für die Veilchenblüte ist, so muss man doch keine Angst um die ganze Pflanze haben: Auch wenn die Blüten sehr empfindlich sind und leicht brechen, so sind die Wurzeln doch ungemein zäh und lebenskräftig. Wer versucht, Veilchen an eine andere Stelle des Gartens zu verpflanzen, der wird kaum alle Wurzeln herausbekommen, so kräftig und fest sitzen sie im Boden. Statt dass das Veilchen in die Höhe wächst, hat es Ausläufer nach allen Seiten hin gebildet, die sich wieder innig verwurzeln. So breitet sich ein Pflänzchen mehr und mehr zu einem zusammenhängenden Teppich aus. Es hat ja im Frühling nur wenig Zeit, bis es von der Hecke den ganzen langen Sommer und Herbst mit Schatten bedeckt wird. Aber diese kurze Frühlingszeit nutzt es mit ganzer Kraft!

Wilde Möhren und Gartenmöhren

Möhren, Mohrrüben, Gelbe Rüben, Wurzeln oder Karotten – es gibt viele Namen für dieses leuchtend orange Wurzelgemüse. Manche Namen bezeichnen besondere Sorten: Karotten sind eigentlich nur die ganz kurzen, rundlichen, fast radieschenartig aussehenden Formen. Oft haben aber auch dieselben Formen in verschiedenen Gebieten der deutschen Sprache verschiedene Namen. Wer viele Namen hat, ist gut bekannt – so ist es auch mit den Möhren. Aber auch wenn man sie kennt, weiß man oft wenig darüber, wie denn der Teil der Pflanze oberhalb der orangen Wurzel aussieht. Denn wenn im Herbst noch vor den starken Frösten die Möhren geerntet werden, also mitsamt dem Büschel Blätter aus dem Boden gezogen werden, dann haben sie gerade erst die erste Hälfte ihres Lebens vollendet: Im April oder Mai waren die feinen Möhrensamen in langen Reihen im Garten oder auf dem Feld ausgesät worden. Lange Tage passierte dann gar nichts. Dann erst zeigten sich die ersten Blättchen: gar nicht breit und rund wie erste Blätter sonst, sondern von Anfang an gefiedert und spitz. Je mehr Blätter aus dem Boden kamen, desto stärker gefiedert erschienen sie, die größten sogar dreifach gefiedert. Alle Blätter blieben in einer Rosette am Boden stehen, ohne einen Stängel zu bilden.

Unter der Erde hatte sich gleich zu Anfang eine kräftige Wurzel senkrecht in die Erde gepfahlt. Je mehr Blätter gebildet wurden, je stärker die Pflanze wurde, desto dicker und leuchtender orange wurde diese Hauptwurzel, und im Herbst ist sie dann so dick, dass sie geerntet werden kann.

Ließe man sie den Herbst und Winter über im Boden, so würden die Blätter abfrieren, aber im nächsten Frühling würden neue, ganz ähnliche Blätter sprießen, diesmal aber an einem kräftigen Stängel, der rasch in die Höhe schießt. Dabei verbraucht sich die dicke, knackige Möhrenwurzel ganz und gar und ist zum Schluss nur noch eine ausgelaugte, trockene und faserige Wurzel, die niemandem mehr schmecken würde!

Oben am Stängel entsteht bald ein ganzer Funkenregen hunderter winziger, weißer Blüten. Die Möhre lässt dieses Feuerwerk aber nicht einfach versprühen, sondern ordnet alle kleinen Blüten sorgfältig einander zu: Oben verzweigt sich der Stängel an einer Stelle in zehn bis zwanzig kleinere Stängel: die Dolden. Diese Dolden verzweigen sich noch einmal ebenso oft in die kleineren Doppeldolden. Ganz oben auf den Doppeldolden sitzen nun die Blütchen als dicht gedrängte, weiße Polster. Ja, oft ordnen sich die Blüten noch mehr: Diejenigen am Rande strecken ihre Kronblätter etwas größer und weiter heraus, sodass die ganze große Doppeldolde von ihnen eingerahmt wird und selbst fast wie eine große Blüte aussieht.

Bei manchen Möhren-Doppeldolden zeichnet sich sogar die in der Mitte sitzende Blüte ganz besonders aus: Sie ist nicht weiß, sondern so tief dunkelrot gefärbt, dass sie aus der Entfernung schwarz erscheint. Sie bleibt als Einzige knospenartig geschlossen, geht also nie ganz auf. So hat die Doppeldolde ein winziges Auge in der Mitte und ringsum einen Rand von größeren Blüten. Der Möhre gelingt es aber nicht – wie etwa der Sonnenblume oder den anderen Korbblütlern –, eine wirkliche, große Überblüte entstehen zu lassen. Immer noch sieht es so aus, als ob die Funken des Feuerwerks im nächsten Moment auseinander stieben würden. Die Bienen, Schwebfliegen, Schmetterlinge und Käfer verstehen die Einladung der Möhren: Sie kommen in Scharen herbei und krabbeln von einer Blüte zur nächsten. Die

Nur eine einzige Blüte in der Mitte des Möhrenblütenstandes ist schwarz gefärbt.

Möhre macht es allen leicht: Der Nektar liegt offen in den flachen Blütenschalen, so kann sich jeder bedienen und gleichzeitig die Blüten bestäuben. Da herrscht oft ein rechtes Insektengewimmel!

Sind die Blüten verwelkt, krümmt und schließt sich die Möhrendolde und hält so die reifenden Früchte zusammen. Das sind winzige, trockene Körnchen ohne eine saftige Hülle, die je zwei Samen in sich tragen. Auch hier wendet die Möhre nicht viel Kraft auf. Nachdem sie beides hat ausreifen lassen, stirbt sie, wird also insgesamt zwei Jahre alt.

Der Möhre fehlt es offenbar an der Kraft, eine schöne, große, farbige Blüte oder saftige Früchte auszubilden. Wohin geht denn wohl diese eingesparte Blütenkraft? Sie scheint tief hinunter in die Möhrenwurzel zu gehen: Die ist farbig und von kräftigem, aromatischem Geschmack und Geruch – fast wie eine Blüte, aber würziger, eben wurzeliger (auch das Wort «würzig» kommt ja von «Wurzel»). Dicke und Nährhaftigkeit der Möhrenwurzel ist die aufgespeicherte

Lebenskraft, die die Möhre im nächsten Jahr in den Stängel und in die Blüten geschickt hätte. Auch die nehmen wir in uns auf, wenn wir Möhren essen.

Die orange Farbe der Möhren ist nicht nur schön für unsere Augen. Sie tut den Augen auch von innen gut. Sie hilft ihnen, den Sehfarbstoff zu entwickeln, ohne den wir nichts sehen könnten. Isst man zu wenig Möhren (oder anderes Gemüse mit oranger Farbe oder die gelbe Butter), so kann man im Dunkeln nur noch schlecht oder gar nicht mehr sehen; isst man längere Zeit gar keine, dann sieht man auch am Tag nicht mehr gut und erblindet schließlich.

Außer den Gartenmöhren gibt es bei uns auch wilde Möhren. Das sind dürre, anspruchslose Pflanzen, die trotzdem über einen Meter hoch werden können. Sie wuchsen früher zusammen mit den Wegwarten auf allen mageren und trockenen Wiesen, heute oft an sandigen Wegrändern. Dort können sie mit ihren langen, kräftigen Wurzeln Wasser aus großen Tiefen aufsaugen und auch heiße, trockene Sommer ertragen. Ihre Wurzeln sind nicht orange, sondern bleich, aber von einem erstaunlich intensiven, würzigen Möhren-Wohlgeruch – viel kräftiger als jede Gartenmöhre! Die Gartenmöhren stammen nicht direkt von unseren wilden Möhren ab, sondern haben noch eine andere Möhrenart als Eltern: wilde Riesenmöhren aus dem Mittelmeergebiet. Gartenmöhren wurden zuerst im Mittelalter als Gemüse angebaut. Heute findet man sie auf der ganzen Welt, denn sie sind wichtige Augenhelfer des Menschen!

Brennnesseln

«Autsch! Verdammt!» So oder so ähnlich verlief sicher für viele die erste Begegnung mit der Brennnessel. Danach schaut man die Brennnessel meist nicht mehr an – oder nur noch gerade so weit, dass man sie aus sicherer Entfernung wiedererkennt und einen großen Bogen um sie macht. Glücklicherweise ist sie an ihren scharf gezähnten Blättern leicht zu erkennen; immer zwei Blätter stehen sich gegenüber, und das nächste Paar steht quer dazu ein Stück darüber. Die Blätter machen also eine Kreuzesform, die man am besten sieht, wenn man von oben auf die Brennnessel schaut. Die unteren Blätter sind dreieckig mit drei fast gleich langen Seiten. Je höher die Blätter sitzen, desto stärker sind sie in die Länge gezogen und desto spitzer sind sie; die obersten sehen aus wie kunstvoll geschmiedete, scharf gezähnte Lanzenblätter oder wie Dolche mit beidseitigem Wellenschliff, die die Brennnessel wehrhaft umgeben. Und diese Wehrhaftigkeit ist ja nicht nur Schein: Man hat sie schon schmerzhaft bemerkt! Allerdings sind es nicht die grünen Blattflächen selbst mit ihren Zähnen, die beim Berühren so heftig brennen, sondern die kleinen, glänzenden Borsten, die überall auf den Blättern und dem viereckigen Stängel sitzen. Sie sind unten durch festen Kalk verstärkt, oben besteht das lange Brennhaar aus empfindlichem Kiesel, der wie feines Glas leicht bricht. Kommt man ihm zu nahe, bricht es ab und verletzt mit der scharfen Bruchkante unsere Haut. Dann spritzt es seinen giftigen Inhalt in die Wunde, vor allem Ameisensäure, die heftig brennt und noch nach vielen Stunden juckt, manchmal sogar am nächsten Tag. Dabei haben wir hierzulande sogar noch Glück im Unglück: Im Regenwald Afrikas gibt es Brennnesselarten, die vier bis fünf Meter hoch werden und so giftig sind, dass sie mehrere Tage lang schmerzhaft brennen!

Es scheint so, als ob die Brennnessel gar nicht blühen würde, aber das stimmt nicht. Nur sind die Blüten winzig klein und fallen nicht auf. Es wäre aber auch merkwürdig, wenn eine so starke und wehrhafte Pflanze plötzlich große, heitere Blüten bilden würde, nicht wahr? Nein, die grünen Blüten der Brennnessel sind nicht größer als ein Stecknadelkopf und hängen in Rispen zwischen den obersten Blättern herunter. Ist die Luft trocken und scheint die Sonne, dann platzen die Knospen plötzlich mit einem kleinen Puff auf, und eine kleine gelbe Wolke von Pollen schwebt in der Luft. Die vier Staub-

Spitz ragen Blätter und Blüten der Brennnessel heraus.

blätter stehen jetzt wie ein Kreuz in der Blüte; vorher waren sie fest in der Knospe nach innen zusammengebogen.

Fruchtblätter gibt es in dieser Blüte nicht. Der Pollen muss zu einer anderen Brennnesselpflanze fliegen, deren Blüten keine Staubblätter, sondern nur Fruchtblätter tragen. Staubblätter und Fruchtblätter wohnen auf zwei verschiedenen Pflanzen wie in zwei verschiedenen Häusern. Das nennt man dann *zweihäusig*. Die Blüten der meisten Pflanzen sind *einhäusig*, Staub- und Fruchtblätter stehen in einer Blüte zusammen. Sind die Fruchtblätter bestäubt, reifen aus ihnen kleine, grüne Samen, mit denen die Brennnessel sich verbreitet – wenn die Hänflinge sie nicht vorher verzehren!

Sehr viel Aufwand betreibt die Brennnessel mit ihren Blüten nicht, alles ist ganz einfach, die Kronblätter fehlen sogar ganz. Wohin geht dann aber die Kraft, die sie bei den Blüten einspart? Natürlich in die feurigen Brennhaare – aber das ist noch nicht alles! Wer knapp unter die Erde schaut, findet dort ein sehr dichtes Netz von kräftigen Wurzeln, gelb-braune Stränge, die außerordentlich fest und ganz und gar nicht leicht zu zerreißen sind. Mit ihnen breitet die Brennnessel sich knapp unter dem Erdboden nach allen Seiten hin aus und kann aus diesen lebenskräftigen Wurzeln überall neue Stängel herausschieben. Deshalb findet man eine Brennnessel selten allein – meist treten sie in großen, dichten Trupps auf! Diese kräftigen gelben Wurzeln sind von winzig kleinen gekrümmten Wurzeln und Wurzelhaaren umgeben, die höchst aktiv sind: Sie machen nämlich aus einem großen Durcheinander von alten Blättern, trockenen Zweigen oder weggeworfenem Abfall einen guten Boden. Nach einem oder wenigen Jahren ist der stinkende Abfall zu feinem schwarzem Humus geworden. Das ist die Arbeit der Brennnessel: Sie zieht mit ihren feinen Wurzeln die einzelnen Abfallkrümel zusammen, saugt aus ihnen giftige Stoffe, Eisen und andere Metalle heraus und verbindet alles neu zu einem vernünftig geordneten Boden.

Ursprünglich wächst die Brennnessel deshalb dort, wo ein Bach oder Fluss immer wieder mitgerissene alte Blätter, Zweige oder Schlamm aufhäuft. Dort macht sie guten Boden. Hauptsächlich aber finden wir sie in der Nähe des Menschen: Wo es Schutt und Abfälle gibt, wo jemand einen Haufen Reisig in der Wiese vergessen hat, dort wächst sie sofort. Auch wenn der Mist aus dem Stall nicht richtig versorgt wurde, erscheint die Brennnessel und bringt den Boden in Ordnung – selbst auf den höchsten Alphütten. Nach einigen Jahren ist die Brennnessel nicht mehr nötig, sie verschwindet, und andere Pflanzen können sich auf dem zubereiteten Boden ausbreiten. Wir können der Brennnessel also dankbar sein, dass sie für uns wieder gutmacht, was wir in Unordnung gebracht haben! Dafür wollen wir sie respektieren – ihr aber trotzdem nicht zu nahe kommen!

Hat man einmal bemerkt, wie nützlich die erst so furchterregende Brennnessel ist, dann wundert man sich auch nicht mehr so sehr, dass sie noch an anderen Stellen wohl tut: Pflückt man im Frühjahr vorsichtig (am besten mit Handschuhen) die ersten kleinen Brennnesselblätter und wälzt sie anschließend leicht mit dem Nudelholz, sodass alle Brennhaare abbrechen, kann man daraus einen feinen Salat anrichten oder eine Art Spinat kochen oder einen Tee aufgießen. Das schmeckt nicht nur gut, sondern die Kraft der Brennnessel hilft auch, das Blut zu reinigen und zu erneuern.

Ja, selbst das schreckliche Brennen kann hilfreich sein: nämlich wenn man Rheuma oder Gicht hat. Manch ein Arzt empfiehlt, die rheumatische Stelle mit Brennnesseln auszupeitschen! Aber ob das wirklich ernst gemeint ist – oder vielleicht doch eine mittelalterliche Foltermethode ist? Eine harmlose Medizin kann der Apotheker aus ihnen als feine Tinktur gegen schmerzhafte Mücken- und Bienenstiche herstellen. Brennen hilft hier gegen Brennen – und es tut nicht mehr weh!

Innen in dem vierkantigen Stängel verlaufen die Faserbündel, durch die der Saft der Brennnessel fließt. Holt man sie vorsichtig heraus, indem man die Stängel mehrfach, aber nicht zu stark hin- und herbiegt, hat man feine, weiße Fasern in der Hand, ähnlich wie die Leinfasern. Früher baute man die Brennnessel dafür sogar an und wob «Nesselstoff» aus ihren Fasern. Heute ist er fast vergessen, doch vielleicht wird man ihn eines Tages neu «entdecken»?

Die schönste Überraschung aber hält die Brennnessel noch bereit: An ihren Blättern legen drei schöne, große Schmetterlingsarten ihre Eier ab. Die daraus schlüpfenden Räupchen nagen und fressen von den brennhaarstrotzenden Blättern, ohne sich zu verletzen oder zu verbrennen, und werden, wohl geschützt, immer dicker und dicker, bis sie sich zuletzt verpuppen und, nur mit einem silbernen Gürtel an einen Zweig geschnallt, starr und steif verharren. Nach etwa drei Wochen bricht die trockene Puppenhaut auf, und heraus schlüpft der fertige Falter mit den noch weichen, eingerollten Flügeln: das Pfauenauge mit seinen gelb-blauen Augen auf samtbraunem Grund; der Kleine Fuchs mit seinem fuchsroten und schwarzen Muster; und das seltene Landkärtchen, das wegen seiner landkartenähnlich gemusterten Unterseite so heißt.

Die Brennnessel trägt also keine farbenprächtigen Blüten an sich selbst, sondern sie entlässt die Knospen, die auf ihr gewachsen sind, als frei fliegende bunte Schmetterlinge; denn Schmetterlinge sind ja wie Blüten, die von der Pflanze aufgeflogen sind!

Auch wenn sie uns manchmal brennt, sollten wir doch der Brennnessel immer eine kleine Ecke im Garten lassen: für geordneten Boden und für schöne Schmetterlinge!

Rosen

«Das Ziel aller Blumen ist die Rose. Alle Blumen sind auf dem Weg, Rose zu werden.» So schrieb die griechische Dichterin Sappho vor etwa 2.800 Jahren. Was mag sie wohl damit gemeint haben? Viele Blüten sind größer als die der Rosen – denkt nur an die Rafflesiablüten. Orchideenblüten leuchten üppiger und schriller in den Farben, prangen exotischer und auffallender mit ihren Düften. Was ist so besonders an Rosen?

Die Rosen, die wir heute kennen, haben schon eine lange Entwicklungsgeschichte hinter sich. Einer ihrer Ursprünge steht uns noch heute vor Augen: Es sind die wilden Heckenrosensträucher, die an sonnigen Wegrändern, in Hecken oder auf trockenen, besonnten Wiesen und Heiden, etwa auf der Schwäbischen Alb, stehen. Zwei bis drei Meter werden sie hoch und starren nur so von Dornen: Ob die Äste und Zweige frisch und grün sind oder hart und holzig, fast wie tot, alle sind von unten bis oben dicht mit Dornen bestückt. Die stehen in dichten Reihen nebeneinander, sind flach gedrückt, sehr spitz und hart und manchmal nach hinten gekrümmt. Deswegen kann man in einen solchen großen Rosenstrauch zwar vielleicht hineinkriechen, beim Versuch herauszukommen aber verhaken sich die Dornen in der Kleidung und stechen schmerzhaft. Im Märchen von Dornröschen wurden die Prinzen, die zu früh kamen, sogar von den Dornen festgehalten und mussten jämmerlich sterben.

Botanisch gesehen sind die Dornen der Rosen gar keine Dornen, sondern Stacheln. Dornen sind nämlich hart und spitz gewordene Zweige oder Blätter, wie beim Schlehdorn oder dem Sauerdorn, der Berberitze. Stacheln sind jedoch nur Auswüchse der obersten Stängelschicht, der Haut der Rosen, weswegen man die Stacheln an einem Rosen-Blumenstrauß auch leicht und glatt abbrechen kann. Die Dornen des Schlehdornes aber, die aus dem Inneren heraus wachsen, lassen sich nur sehr schwer abbrechen.

Die Stacheln helfen den langen, elastischen Rosenzweigen, sich gegenseitig zu verhaken und somit dem Strauch Halt zu geben. Mit den rückwärts gerichteten Stacheln können sie, wenn sie in andere Büsche hineinwachsen, sich dort festhaken oder über eine Mauer ranken. Natürlich halten die Stacheln auch naschhafte Ziegen und Schafe fern (und manchmal auch Prinzen), weshalb die Heckenrosensträucher auch auf Weideflächen ungestört gedeihen können. Dort senken sie ihre zähen und lebenskräftigen Wurzeln tief ins Erdreich, um auch auf trockenen Weiden noch an Grundwasser zu gelangen.

Die Blätter der Heckenrosen sind klein und in fünf, manchmal auch sieben, neun oder elf Fiederblättchen und zwei kleine Nebenblättchen unten am Blatt aufgeteilt. Jedes Fiederblättchen sitzt an einem kurzen Stielchen und ist an seinem ganzen Rand gleichmäßig gezähnt. Diese schönen und regelmäßigen Zähnchen sehen zwar wehrhaft aus, sind aber weich und harmlos. Die Blätter drehen sich in Spiralen um den Stängel herum: Fünf Blätter ordnen sich in zwei Spiraldrehungen; das sechste Blatt steht wieder über dem ersten. Die obersten Rosenblätter sind kleiner als die mittleren und sind oft nur noch dreifach, mitunter auch gar nicht mehr gefiedert. Wenn die Rose so weit gediehen ist, weiß man, dass etwas Neues kommt: die Blüte!

Noch wird die Knospe von den Kelchblättern eingeschlossen. Eigenartig sind diese fünf Kelchblätter geformt und gar nicht gleich! Zwei haben glatte Ränder, zwei sehen ähnlich gefiedert wie die oberen Laubblätter aus, und eines hat eine glatte und eine gefiederte Seite. Als Knospenumhüllung bieten sie den Blüten einen dichten und fest schließenden Schutz. Sie klappen weit nach unten zurück, wenn die

Blüte aufgeht, und stehen dann in den Lücken hinter den Blütenblättern – wie ein Fünfstern, ein Pentagramm angeordnet. Zählt man die gefiederten Kelchblätter, das mittlere und die beiden glatten in dieser Reihenfolge ab, so stehen sie genau so, wie man einen Fünfstern zeichnet: immer mit einer Lücke dazwischen. Den immer einfacher werdenden Kelchblättern ist also das Pentagramm wirklich eingeschrieben.

Die geöffnete Blüte ist zart und duftig: Fünf herzförmige Kronblätter stehen flach ausgebreitet, im Pentagramm wie der Kelch, leicht rosa getönt und etwas gelb am Grund. In ihrer Mitte ragen die zahlreichen gelben Staub- und Fruchtblätter wie eine kleine, flache Kuppe heraus. Ihren größten Teil sieht man aber gar nicht, da er versteckt und gut geschützt in der «Butte», dem Blütenboden, sitzt. Die Butte hat die Form eines kleinen Kruges und umschließt die Staub- und Fruchtblätter fast völlig.

Im Mai, wenn die Heckenrosen blühen, überzieht ein dichter, glänzender Schleier von zarten rosa Blüten den starrigen Dornbusch. Die Blüten wirken gar nicht pompös oder aufdringlich, sondern sind ganz ebenmäßig geformt und duften sanft und mild.

Nach wenigen Tagen ist die zarte Pracht verblüht. Nun schwellen die Butten an, färben sich rot und sind jetzt zu Hagebutten geworden. Aus ihnen kann man später Hagebuttentee oder Hagebuttenmus, auch Hiffenmus genannt, kochen – beides sehr lecker und vitaminhaltig. Manchmal wird Hagebuttenmus auch in Tomatenketchup eingerührt. Auch wenn sie so schmecken, sind die Hagebutten dennoch nicht die Rosenfrüchte. Die eigentlichen Früchte sitzen im Inneren der Butte. Sie sind winzig, und man könnte sie für die Samen halten. Tatsächlich sind sie von dem einzigen Samen in ihnen kaum zu unterscheiden und auch nur sehr schwer zu trennen. Gelingt es, so kann man aus den Samen wertvolles Öl pressen. Die kleinen Härchen in der Hagebutte verhindern, dass Wasser hineinrinnt und die Samen verfaulen lässt. Sicher kennt sie jeder als Juckpulver! Die Hagebutten bleiben oft den ganzen Herbst und Winter über am Rosenstrauch stehen, bis sie von einer hungrigen Amsel oder einem anderen Vogel gefressen werden.

Prächtig gefüllte Gartenrose.

An ihrer Spitze sitzen oft noch die fünf Kelchblätter, die allmählich schwarz werden.

Es gibt sehr viele verschiedene Wildrosenarten auf der Welt, von Europa über Persien und China bis nach Nordamerika sind sie alle auf der Nordhalbkugel der Erde beheimatet. Manche sind große Sträucher, manche kleine Büsche, andere bilden lange Kletterzweige, die über zwanzig Meter hoch in andere Bäume oder über Felsen klettern.

Bei ganz wenigen Arten entdeckte man vor über dreitausend Jahren etwas Besonderes: Sie hatten nicht nur fünf, sondern viel mehr Blütenblätter; die üppigste von allen nannte man sogar die «Hundertblättrige», die Rosa centifolia! Wie kam das? Auch diese Rose hatte ursprünglich nur fünf Blütenblätter gehabt, doch hatten einige Staubblätter sich verwandelt: Statt Staubbeutel und Blütenstaub zu

Hagebutten einer Wildrose.

bilden, waren sie zu großen farbigen Kronblättern ausgewachsen und «füllten» nun die Rosenblüte. Zwar hatte sie dadurch einige Staubblätter weniger, aber immer noch mehr als genug.

Das war ein Glücksfall! Die Hundertblättrige gefiel den Rosenliebhabern über alle Maßen, denn noch dazu duftete sie viel voller und reichhaltiger als andere Rosen. Nun begannen die Rosengärtner, Blütenstaub von persischen und chinesischen Rosenarten auf ihre Narben zu bringen und die entstehenden Samen auszusäen: Sie «kreuzten» die verschiedenen Arten. Dabei entstanden bis heute hunderte und tausende verschiedene Rosensorten: hellrosa und dunkelrosa blühende, weiße und gelbe, ja sogar solche, bei denen sich Rosa und Gelb zu einem schönen warmen Rot vereinten: dem ersten Rosenrot! Erst viel später entstanden auch tomatenrote Blüten, niemals aber blaue! Auch der Rosenduft ist bei jeder Sorte anders: fruchtige Düfte, die an frisch gepflückte Äpfel oder Himbeeren erinnern, Düfte, die wie äthiopische Myrrhe riechen oder wie die Blätter von China-Tee. Düfte kann man nur sehr schwer beschreiben. Probiert selbst einmal verschiedene Rosendüfte!

Das duftende Rosenöl in den Blüten besteht aus über vierhundert verschiedenen Duftstoffen. Will man es herausholen, muss man früh aufstehen, denn die Rosenknospen müssen, noch bevor sie aufgehen, früh am Morgen, am besten vor Sonnenaufgang, gepflückt werden; später am Tag ist ihr Duft «verduftet». In der Türkei und im Iran werden Rosen nur für ihren Duft angebaut. In Destillierkesseln trennt man sorgfältig das edle Duftöl heraus. Es wird verdünnt als Rosenwasser für Kuchen, Rosentee, Rosenkonfitüre oder Duftwasser verwendet. Aus dem konzentrierten Rosenöl macht man edelste Parfüms und verwendet es für Heilmittel. Es ist so wertvoll, dass es schon früher sechsfach mit Gold aufgewogen wurde!

Bei der Apfelrose, einer einheimischen Strauchrose, duften zusätzlich zu den Blüten auch noch die Blätter: Sie riechen zart nach Äpfeln, vor allem wenn ein warmer Wind darübergeht oder wenn man sie etwas zwischen den Fingern reibt. Diesen Duft gewinnt man für Pflegeöle.

Auch die Form der Rosenblüten änderte sich mit den Züchtungen: Die ungefüllten Heckenrosen öffnen ihre Blüten ganz und breiten sie flach aus; die «Hundertblättrige» bildet außen große und innen kleine Kronblätter: wunderbare flache Schalen, die außen rosa Hüllen bilden und innen goldgelb glühen. Heutige Rosen aus dem Blumenladen haben oft auch in ihrer Blütenmitte große Blütenblätter, aber sie öffnen sich nicht mehr ganz. Dadurch wird es recht eng in der Knospe, und die nur halb geöffnete Blüte sieht sehr vornehm aus. In Rosengärten kann man heute tausende verschiedener Rosensorten bewundern, die alle auch eine etwas andere Form haben. Man muss nur lange genug suchen, um seine Lieblingsrose zu finden!

So bezaubert die Rose durch ihr sanftes Ebenmaß, nicht durch üppige Größe; durch die milde Harmonie des Duftes und der Farben, nicht durch ausgefallene Aufgeregtheiten. Jetzt versteht man die

Dichterin Sappho. Ein anderer Dichter, der persische Sänger Hafis, beschrieb die Rose so:

> Dass die Rose dir zum Beispiel werde!
> Sonne, Tau und süßen Wind von Osten,
> Allen Glanz und alles Glück der Erde
> Weiß sie frei und unbesorgt zu kosten.
> Des Propheten Weisheit braucht sie nicht,
> Denn sie lebt ja so, wie jener spricht.

Die Rose lebt so, wie der Prophet Mohammed spricht, hat also dessen Weisheit schon in sich, sagt Hafis. In Europa war man besonders beeindruckt davon, dass die Schönheit der Rose aus dem harten, dornenbesetzten, wie tot aussehenden Holz hervorbricht. Auf zahlreichen Bildern ist Christus nicht nur mit dem Kreuz, sondern auch mit Rosen dargestellt. Martin Luther hat sein Wappen aus Kreuz, Herz und Rose zusammengestellt, weil die Rose so sehr zu Christus dazugehört. Und in dem bekannten Lied «Maria durch ein' Dornwald ging» heißt es:

> «als das Kind ward durch den Wald getragen,
> da haben die Dornen Rosen getragen!»

In der Steppe

In den südlichen, warmen Regionen Russlands, der Ukraine, aber auch in Amerika gibt es Regionen, die so trocken sind, dass kein einziger Baum mehr wachsen kann. Grasland mit Blumen erstreckt sich, soweit das Auge reicht, bis zum Horizont und weit darüber hinaus. Oft liegt das Land flach wie ein Brett, sodass man nichts als die Ebene und den Himmel darüber sieht, oft wellt es sich in vielen Kuppen und Hügeln. Der Wind pfeift und braust ungehindert über diese offenen Wiesen, und nichts kann ihn aufhalten.

Der Frühling ist die schönste Jahreszeit in der Steppe. Nacheinander erscheinen alle Blütenfarben in dem frischen grünen Gras: violette Kuhschellen, goldgelbe Adonisröschen, hellblaue Hyazinthen und Vergissmeinnicht und lila-blaue Schwertlilien. Im Sommer leuchten vor allem weiße Blüten: weiße Anemonen, weißer Bergklee, Margeriten, das duftig-weiße Mädesüß, aber auch blaue Glockenblumen.

Im Hochsommer dörrt das Gras dann aus, sodass es nicht mehr grün und saftig, sondern bleich-gelb dasteht mit nur vereinzelten dunkelblauen Rittersporen dazwischen. Den ganzen Sommer über hat es nicht geregnet, und im Herbst liegt die weite Steppe braun und wie tot da. Alle Pflanzen sterben über der Erde ab, viele überwintern als Zwiebeln oder Rüben unter der Erde. Einige aber runden ihre trockenen Zweige zu einer großen, lockeren Kugel, brechen an der Erdoberfläche von ihrer Wurzel ab und werden vom heftigen Wind durch die Steppe geblasen: «Steppenläufer», die mit hoher Geschwindigkeit und oft wilden, bocksartigen Sprüngen viele Kilometer weit getragen werden. Dabei lösen sich allmählich die reifen Samen aus den trockenen Fruchtkapseln und werden so über weite Strecken verbreitet.

Bald bedeckt der erste Schnee die braune Steppe. Schaurige Schneestürme brechen über das ungeschützte Land herein. Sie sind so ungeheuer stark und von solch äußerster Kälte, dass die Menschen mit ihren Tieren in kürzester Zeit umkommen müssten, wenn sie nicht rechtzeitig Erdhütten aus Lehm gegraben und gebaut hätten, in die sie sich flüchten können, wenn sie von der «Wjuga» überrascht werden. Warum Erdhütten? Nun, weil es weit und breit kein Holz und keine Steine in der Steppe gibt. Manchmal heult die «Wjuga» tagelang um die Hütten, sodass man keinen Fuß vor die Tür setzen kann.

Wenn endlich im Frühling der Schnee wieder abschmilzt, weicht der Boden vom Schmelzwasser so tief auf, dass unbefestigte Wege tiefgründig aufweichen und zu Matsch werden. Man kann sie nicht mehr betreten oder befahren. – Das Leben in der Steppe ist äußerst anstrengend und hart. Doch wenn der herrliche Frühling einzieht, vergisst man gerne den ungestümen Winter und den staubig-dürren Sommer!

Federgras

Im Frühling und Sommer zieht ein silber-weißer Schleier über das Steppengras. Im Wind wiegt und wellt es und glänzt besonders im Mondenlicht wie ein Ozean voll silberner Wogen. Das ist das Federgras, das sich auf seinen schlanken Halmen so elastisch im Wind biegt. Es trägt an den trockenen Spelzen seiner Blüten eine seitlich abknickende, unglaublich lange Granne, bis dreißig Zentimeter lang, die dicht mit feinen, weißen Härchen besetzt ist und wie eine lange, schlanke, sich weich im Wind wiegende Feder aussieht. Diese «Federn» sind es, die die Steppe in einen Ozean zu verwandeln scheinen.

Jede «Feder» sitzt mit einem spiralig gedrehten Stiel an der Spelze und bleibt auch daran, wenn der Same ausreift, sodass der Wind Same und «Feder» gemeinsam weit fortblasen kann. Wenn beide nach ihrem Flug auf dem Boden gelandet sind, können sie sich drehen und bewegen, da der spiralige Stiel Feuchtigkeit aus der Luft aufnehmen kann

Die wie Federn behaarten Grannen des Federgrases wogen im Wind.

und sich dabei in sich selbst verwindet – die seitlich gerichtete Feder drückt sich dabei vom Boden ab. Trocknet die Luft, gibt der Stiel die Feuchtigkeit wieder ab und dreht und bewegt sich noch einmal, diesmal anders herum – und so immer wieder. Damit wandert der Same immer ein Stück vorwärts – so lange, bis er sich irgendwo im Boden verhakt. Dreht sich der Stiel jetzt weiter, so bohrt er den spitzen Samen in den Boden hinein, immer tiefer, bis er so fest sitzt, dass der Wind ihn nicht mehr herausreißen kann. Jetzt kann die Feder abfallen und der Samen gut keimen!

Bei einer anderen Federgrasart, dem *Pfriemgras,* sollen sich die Samen sogar in die Haut von Schafen bohren können, wenn sie sich in deren filziger Wolle verhakt haben, und dann bis in den Bauch hinein stechen, sodass die Schafe elend zugrunde gehen müssen. Erfahrene Steppenschäfer meiden daher Gebiete mit Pfriemgras, wenn dessen Samen reif werden.

Das Federgras wächst nicht nur in den großen asiatischen und amerikanischen Steppengebieten, sondern auch in den Trockengebieten Ungarns, der Puszta. Auch an einzelnen, kleinen, besonders warmen und trockenen Stellen bei uns kann es vorkommen. Wegen der schönen «Federn», die man zu Trockensträußen und als Hutschmuck verwendete, ist es aber selten geworden! Das ist sehr schade, denn das wiegende, wellende Federgras ist ein wunderschöner Anblick!

Wermut

Dort, wo die Steppen im Winter von so viel Schnee bedeckt werden, wo deshalb im Frühling viel Wasser schmilzt, das Gras viel Wasser aufnehmen kann und lang und hoch wird, dort lebten einst auch viele Tiere: in den Prärien Nordamerikas die unendlichen Büffelherden, in den Steppen Asiens die schnellfüßigen Saiga-Antilopen mit ihren großen, fernhin riechenden Nasen.

Dort aber, wo nur wenig Schnee fällt, das Gras nur wenig Schmelzwasser aufnehmen kann und karg und kurz bleibt, können nur wenige Antilopen oder Kamele leben. Wenn der Mensch nicht klug ist und zu viele Schafe oder Ziegen dort weiden lässt, die das Gras wegfressen, so verschwindet es und der Wermut breitet sich in der Steppe aus.

Der Wermut ist ein niedriges, verholzendes Kraut mit kleinen, fein gefiederten und silbrig-grau behaarten Blättern und unauffälligen, kleinen, gelblichen Blütenköpfchen, das mit sehr wenig Wasser auskommt. Seine Blätter schmecken so bitter, dass kein Tier sie gerne abweidet. So bleibt der Wermut unangetastet, selbst wenn viele Tiere über ihn hinwegziehen. Schon wenige Blätter mit kochendem Wasser übergossen ergeben ein so bitteres Getränk, dass man es wohl als Medizin, nicht aber als erfrischenden Tee trinken mag. Ein Tropfen in einem Getränk genügt, um das Ganze bitter schmecken zu lassen. Man spricht daher auch oft von einem «Wermutstropfen»,

Der bittere Wermut mit schmal gefiederten Blättern.

wenn ein kleines Ereignis ein eigentlich großes, schönes unerfreulich macht.

Richtig eingesetzt ist der Wermut ein sehr gutes Heilmittel, beispielsweise bei Krankheiten von Magen und Darm. Und schließlich ist auch der Wermut in der Steppe ein Heilmittel der Steppe selbst, die sich dagegen wehrt, ganz aufgefressen zu werden!

In der Wüste

Wenn man das Wort «Wüste» hört, denkt man meist an die majestätischen Sanddünen der Sahara. Doch der größte Teil der Sahara und die meisten anderen Wüsten bestehen nicht aus Sand, sondern aus Kies, oft lackschwarz glänzendem Kies, oder aus massiven Felsen.

Dort, wo es niemals regnet und noch nicht einmal Nebel in der Wüste erscheint, wächst auch nicht das kleinste Pflänzchen. Denn alles Lebendige braucht unabdingbar Wasser, und sei es auch nur ganz wenig. Sobald aber auch nur gelegentliche Regen fallen, lebt und wächst es auch in der Wüste: Wenige Tage nach einem Regenschauer kann die Wüste Negev von einem zart violetten Blütenschleier überzogen sein, von Pflänzchen, die nur wenige Zentimeter hoch werden, vielleicht nur eine einzige violette Blüte bilden und bald nach dem Regen wieder verschwinden.

Regnet es einmal kräftiger, so kann der ausgedörrte Wüstenboden das Wasser nicht sogleich aufnehmen. Es läuft an den Hängen ab und sammelt sich in Tälern, die das ganze Jahr über trocken liegen und jetzt plötzlich überschwemmt werden. Nach dem Regen bleibt der Boden dort länger feucht, und viele Wüstenpflanzen wachsen nur hier, in den so genannten Trockentälern oder Wadis. Aber Vorsicht! Ein weit entfernter Gewitterschauer, den man hier gar nicht bemerkt, kann gewaltige Regenmassen bringen. Der sammelt sich dann im Trockental, und plötzlich rauscht eine Flutwelle das Wadi herab – so mächtig, dass man darin ertrinken kann. Es klingt paradox, aber mitten in der trockensten Wüste kann man tatsächlich ertrinken, wenn man nicht aufpasst!

Rutenstrauch oder Retamginster

Am Rande der Sahara steht der Rutenstrauch, den man auch Retamginster nennt. Er trotzt dort der Trockenheit, die allem Leben feindlich ist. Seine langen und kräftigen Wurzeln versenkt dieser drei bis vier Meter hohe Ginsterstrauch viele Meter tief in den Sandboden, um in den Tiefen einige Tropfen des Wassers zu erreichen, das aus der Zeit des Winterregens dort noch gespeichert ist. Die Wurzeln halten gleichzeitig den Sand, in dem er steckt, fest, während um ihn herum der undurchwurzelte Sand von den häufig einherfauchenden Sandstürmen fortgeblasen wird. So scheint es, als ob der Retamginster auf Sandhügeln wachse, während es in Wirklichkeit nur die Reste einer einst höher gelegenen Sandfläche sind.

Der Rutenstrauch muss sehr sparsam mit dem wenigen kostbaren Wasser umgehen, denn das muss den ganzen langen, grausam heißen Sommer hindurch ausreichen. So kommt es, dass er seine winzigen Blättchen, die – wie jedes Blatt – immer etwas Wasser verdunsten, schon wenige Wochen, nachdem er sie gebildet hat, wieder abwirft, dann nämlich, wenn die kühlere und feuchtere Jahreszeit zu Ende geht und der heiße, trockene Sommer beginnt. Anders als bei unseren Bäumen und Sträuchern im Winter sind die Zweige des Retamginsters grün. So kann er auch ohne Blätter das Sonnenlicht aufnehmen und von ihm leben. Lange, schlanke, kaum verzweigte Rutenäste ohne Blätter recken sich dann der grellen Sonne entgegen.

Doch vorher, wenn er sich im Februar mit Wasser voll gesogen hat, beginnt er zu blühen: An allen Zweigen öffnen sich die Knospen zu fingernagelgroßen, weißen Blüten, die mit fünf Kronblättern entfernt an eine weiße Biene erinnern. Ein großer, weiß blühender Busch in dem ockergelben, öden Saharasand ist wie ein weißes Wölkchen am Sommerhimmel. Noch dazu duftet dieses Wölkchen: Es strömt einen intensiven, wunderbar sanften Honigduft aus. Die wenigen Bienen, die es hier gibt, riechen den Retamginster von weither und kommen geflogen, um den köstlichen Nektar aufzusaugen.

Von links nach rechts ist die Wanderdüne gewandert und hat den Retamginster verschüttet. Aber er treibt wieder aus!

Auch die Ziegen der umherstreifenden Beduinennomaden lieben diese wohlschmeckenden Blüten und knabbern den Strauch ab, so hoch sie nur kommen. Bei den Beduinen, die alle Pflanzen der Wüste sehr gut kennen, ist es daher verboten, einen Rutenstrauch auszugraben, obwohl seine Wurzeln ein sehr gutes Feuerholz geben und Feuerholz für die kalten Nächte in der Wüste nötig ist. Denn die Beduinen wollen die Rutensträucher als Ziegenweide erhalten.

Die kleinen Früchte, die die Ziegen übrig gelassen haben, fallen nach der Reife ab und werden vom nächsten Regenguss in das benachbarte Wadi geschwemmt, wo die Samen gut keimen können. Wer hätte gedacht, dass die Samen einer Wüstenpflanze vom Wasser verbreitet werden? Und doch ist es so sehr weise eingerichtet!

Der Sand der Sandwüsten liegt nicht fest, sondern wird vom Wind ständig aufgewirbelt und verweht. So bewegt der Wind die Düne. Kommt der Wind immer aus derselben Richtung, entstehen Dünen, die sich als ganze, große Wanderdünen langsam durch die Sahara bewegen. Wenn sie eine Straße erreichen, muss diese geräumt werden, sonst kann man dort nicht mehr fahren. Wenn sie eine Oase erreichen, müssen die Bewohner sie aufgegeben und verlassen. Wenn die Wanderdüne einen Retamginster erreicht, sterben seine Zweige unter dem Dünensand ab. Ist sie vorübergewandert, ist der Retamginster aber nicht tot, sondern kann erneut grüne Zweige austreiben und der Sonne entgegenrecken. Was für eine Zähigkeit und Kraft! Keine andere Pflanze könnte das!

Als der Prophet Elias sich nach einem gewaltigen Kampf mit seinen Feinden verfolgt und von Gott verlassen glaubte, floh er einen Tagesmarsch weit in die Wüste, legte sich unter einen Rutenstrauch nieder und wollte sterben. Da erschien ihm ein Engel, der ihm verkündete, dass Gott zu ihm sprechen wolle. «Und ein großer, starker Wind, der die Berge zerriss und die Felsen zerbrach, kam vor Gott her; aber Gott war nicht im Winde. Nach dem Wind aber kam ein Erdbeben, aber Gott war nicht im Erdbeben. Und nach dem Erdbeben kam ein Feuer; aber Gott war nicht im Feuer. Und nach dem Feuer kam ein stilles, sanftes Wehen.» Da hörte Elias Gottes Stimme – so ist der Retamginster!

Die Rose von Jericho

In der Negev-Wüste, auf der Halbinsel Sinai, regnet es selbst im Winter nur sehr wenig, außerdem regnet es jedes Jahr unterschiedlich viel, sodass niemand vorher weiß, wie viel Regen es geben wird. Die Pflanzen sollten es aber wissen: Wie viele Blätter sollen sie ausstrecken, bevor sie Blütenknospen ansetzen? Für wie viele Samen

Wie in einer Faust hält die tote Rose von Jericho ihre Samen fest.

könnte der Regen ausreichen, damit sie wirklich ausreifen können?

Die Rose von Jericho – sie ist keine Rose, sondern heißt nur so, weil man sie so schätzt – weiß es offenbar vorher: Sie bleibt mitunter nur einen Zentimeter klein, manchmal erreicht sie fast einen halben Meter im Durchmesser. Und doch ist es jedes Mal eine ganz harmonische Pflanze, die Stängel, Blätter und Blüten gleichmäßig ausgebildet hat; die kleinste trägt nur eine Frucht, die größte mehrere hundert. Beim Wachstum des Stängels muss ihr also schon klar gewesen sein, wie viel Wasser später für die Samen vorhanden sein wird!

Die Rose von Jericho keimt meist in einem Wadi, wenn dort zu Beginn des «Winters» zum ersten Mal Wasser hinunterläuft. An ihrem holzigen Stängel sitzen kleine, ovale, grau-grüne Blätter und bald anschließend kleine, unauffällige, weiße Blüten. Wenn der «Winter» zu Ende geht und ihre trockenen Früchte mit den Samen ausgereift sind, stirbt sie schon ab, wird also nur ein halbes Jahr alt. Dabei neigen sich alle ihre holzigen Stängel nach innen zu, sodass sie die Form eines Kohlkopfes oder einer starken, hölzernen Faust annimmt. Ihre kräftige Pfahlwurzel bleibt, auch wenn sie abstirbt, fest im Boden verankert.

Beim nächsten Regen geschieht etwas Seltsames: Die hölzernen, nach innen gekrümmten Äste der toten Rose von Jericho spreizen sich nach außen, öffnen innerhalb von zwei Stunden die ganze Pflanze und lassen einige der reifen Samen los, und die werden dann vom Regen fortgeschwemmt. Nach dem Regen schließt sie sich wieder wie eine knochige Hand. Beim nächsten Regen wiederholt sich das Ganze – und so viele Jahre lang, denn anders als alle anderen Pflanzen verrottet sie nicht.

Auf diese Weise gibt die Rose von Jericho immer nur wenige ihrer kostbaren Samen auf einmal ab und immer nur dann, wenn die Samen im angefeuchteten Boden besonders gut keimen können. Die anderen Samen bewahrt und beschützt sie weiterhin in ihrem festen, holzigen Inneren vor neugierigen und hungrigen Mäusen.

Weil jeder Regen für die Beduinen ein Geschenk Gottes ist und die Rose von Jericho diesen Regen anzeigt, nennen sie sie «die Hand des Gnädigen». Auch von dem Volk Israel wurde sie verehrt: In den Kammern eines dreitausend Jahre alten hebräischen Tempels fand man trockene Rosen von Jericho. Und die ersten christlichen Pilger, die ins Heilige Land kamen, brachten sie mit nach Hause, da ihnen die tote und doch weiter wirkende Pflanze ein Symbol für die Auferstehung Christi war.

Kakteen und Wolfsmilch

Wer seine Ferien in einem Land Nordafrikas verbringt, in Tunesien, Ägypten oder auf den Kanarischen Inseln, möchte vor allem eines: schönes Wetter, strahlende Sonne, warme Luft und blauen Himmel, dabei keine Wolken und keinen Regen – sodass er entspannt baden und sich erholen kann. Dabei erwartet er ganz selbstverständlich, ohne überhaupt darüber nachzudenken, dass es genügend zu trinken gibt: sauberes Trinkwasser oder Säfte und Limonaden. Fehlt nämlich Trinkbares, wird das Leben dort anstelle einer Erholung zur Qual: Man dürstet und trocknet innerlich aus, selbst wenn direkt vor den Augen schönes blaues Meerwasser brandet, das aber zu salzig zum Trinken ist.

Die Beduinen, die in den Wüsten Nordafrikas leben und bei denen Wasser immer knapp und kostbar ist, haben sich darauf eingerichtet: Männer und Frauen tragen lange, meist weiße Gewänder, oft mit einem Kopftuch, die sie vor der Sonne schützen und doch so weit sind, dass der Wind etwas kühlen kann. So schwitzen sie trotz der brennenden Hitze nicht so viel und verlieren nicht unnötig Wasser.

Den Pflanzen in solch heißen und trockenen Gebieten geht es genauso: Solange sie genügend bewässert werden, gedeihen sie prächtig: Große, im Wind rauschende Palmen und blühende tropische Blauglockenbäume säumen die großen Prachtstraßen – aber wehe, wenn die Bewässerung abgestellt wird! Dann verdursten und vertrocknen sie jämmerlich!

Nur wenige Pflanzen ertragen so viel Sonne und Trockenheit ohne künstliche Bewässerung: Diese Pflanzen schützen sich mit einer dicken, wachsartigen Haut. Zarte, dünne Blätter würden im Nu vertrocknen. Ja, manche Pflanzen werfen ihre Blätter ganz ab oder bilden erst gar keine aus. Nur die Nebenblätter, die (ähnlich wie bei der Rose) unten an den Blättern sitzen, bleiben stehen, werden spitz und hart und umstarren den Stängel als wehrhafte Stachelpolster. Der grüne Stängel selbst nimmt anstelle der Blätter das Sonnenlicht auf. Er

Zarteste Blüten und stachligste Polster: Warzenkaktus.

wird dabei dick wie eine Tonne oder ein Kürbis. Im Inneren sammelt und speichert er das Wasser, das bei den seltenen Regenfällen plötzlich und in großen Mengen herniederprasselt. Weit ausgebreitete Wurzeln saugen es gleich an der Erdoberfläche auf, bevor es versickern kann. Andere, tief reichende Wurzeln finden auch noch in versteckten Felsspalten Spuren von Feuchtigkeit. So leben Kakteen und Wolfsmilcharten manchmal jahrelang von ihrem gespeicherten Wasser, ohne neues aufzunehmen. Dabei schrumpelt der Stängel immer mehr zusammen. Aber das fällt kaum auf, da sich die Haut wie eine Ziehharmonika zusammenfaltet (und später bei Regen wieder auseinander faltet).

Kakteen und Wolfsmilcharten sind nicht miteinander verwandt. An ihren Blüten kann man sie leicht unterscheiden. Kakteen sind eine eigene Pflanzenfamilie, die nur in Amerika vorkommt, vor allem in Mexiko, in den Wüstengebieten Chiles und Perus, manche auch in

Arizona und Texas. Was in Afrika wächst, sind keine Kakteen, auch wenn ihre Gestalten so aussehen: Die mehrere Meter großen, wie Orgelpfeifen aufragenden und wie mit rostigem Eisen bedornten Säulen sind Wolfsmilcharten. Mehrere hundert verschiedene gibt es von ihnen. Ihren Namen tragen sie von der weißen «Milch» in ihrem Innern, die auf der Haut brennen und beißen kann und die so scheußlich bitter schmeckt, dass kein Tier davon fressen wird.

Manche Kakteen schützen sich vor der gar zu stark strahlenden Sonne zusätzlich durch dichte, weißfilzige Haare und weiß-graue Haut – ähnlich wie die Beduinen durch ihre weißen Gewänder. Manchmal werden diese Haare so lang, dass der Kaktus wie ein weißhaariger, ehrwürdiger Kopf aussieht. Doch zwischen den weißen Haaren und den wehrhaften Stacheln erscheinen eines Tages prächtig leuchtende Blüten: ein ganzer Kranz kleiner gelber oder roter Blüten – oder eine einzelne, halbmeterlange weiße. Manche blühen nur kurz, wenige Stunden lang, einige sogar nur mitten in der kühleren Nacht. Nur ein wirklicher Liebhaber bekommt die «Königin der Nacht» in ihrer voll erblühten Schönheit zu Gesicht!

Im Hochgebirge

Die Pflanzenwelt im Hochgebirge ist voller Wechsel und Veränderungen: Muss man in der Ebene mehrere hundert *Kilometer* fahren, um aus den Laubwaldgebieten in den Nadelwald der Taiga zu gelangen, so genügt es im Hochgebirge, wenige hundert *Meter* hinaufzusteigen: Aus dem dunkel-schattigen Buchenwald im Tal gelangt man darüber in den auch dunklen Nadelwald mit Fichten und Tannen oder den hellen Lärchen und Zirbelkiefern. Bereits zwischen den obersten Bäumen und vor allem in den Gebieten oberhalb von ihnen erstrecken sich Bergwiesen mit so vielen und intensiv farbigen Blüten, wie es sie niemals im Flachland gibt. Darüber gelangt man in die Zwergstrauchheiden und die alpine Zone einzelner kleiner Arktispflanzen und Flechten. Davon soll in den folgenden Kapiteln die Rede sein.

Einen hohen Alpenberg hinaufzusteigen ist wie ein Gang über einen großen Teil der Erde. Die Gebirge sind eigentlich ursprünglich weit ausgebreitete Ebenen, die auf engstem Raum zusammengepresst und in die Höhe gestaucht wurden. Oder anders gesehen: Die ganze Erde besteht aus zwei riesigen Bergen, die an ihrer Basis verwachsen sind und dort den Äquator bilden. Eine der Bergspitzen ragt nach Norden, die andere nach Süden, sodass der eine Gipfel dem Nord-, der andere dem Südpol entspricht. Den verschiedenen Höhenstufen der Berge gleichen die großen Lebensräume der Erde. Viele Gebirgspflanzen treffen wir daher auch in weit entfernten Gebieten der Erde wieder an.

So kann, wer im Hochgebirge wandert, in kurzer Zeit ganz verschiedene Weltgebiete erkunden. Man braucht jedoch einige Kenntnisse und etwas Ausdauer beim Auf- und Absteigen!

Lärche und Zirbelkiefer

Wer hoch oben im Gebirge wandert, dort, wo der Wald lichter und offener wird, wo nur noch vereinzelt Bäume stehen, der muss wissen, dass er sich auf einen gefahrvollen Weg einlässt: Selbst wenn er im Sommer frühmorgens bei strahlendem Sonnenschein aufbricht, können sich über seinem Kopf schon rasch Wolken bilden, zusammenballen und kalte, heftige Gewittergüsse auf ihn herabschicken. Gar leicht verliert der Wanderer den Halt, wird vom anschwellenden Bach, der vom Regen über seine Ufer tritt, bedrängt oder wird gar vom Blitz erschlagen! Nur gut ausgerüstet, mit sehr gutem Schuhwerk und Regenzeug, Pullover und Notproviant sollte er größere Wanderungen im Gebirge unternehmen!

Noch gefährlicher aber ist es zur Zeit der Herbststürme oder gar der Schneeschmelze im Frühling, wenn Bäche und Flüsse nicht nur anschwellen, sondern ganze Hänge überschwemmen und durchweichen, sodass diese als Schutt- und Gerölllawinen abrutschen und alles, was ihnen in die Bahn gerät, mitreißen. Wenn die Lawinen zu Tal donnern, gibt es manchen Weg, den man nicht betreten sollte!

Wer aber als Baum dort oben aufrecht stehen will, der kann nicht ausweichen. Er muss so ausgerüstet sein, dass er sommers wie winters, bei Sturm und Schnee, Gewitter und Lawinen ausharren kann. Er muss den viele Monate lang andauernden Frost im Boden und die langen, kalten Winternächte ertragen, den Schnee, der auf die Zweige drückt (aber glücklicherweise auch vor der Kälte schützt), und den eisigen, oft mit harten Schneekristallen gespickten Wind, aber auch den heißen, dürren Sommer. Er muss sich mit seinen festen Wurzeln so sicher in den Spalten und Ritzen des felsigen Bodens verankern, dass ihn kein Sturm entwurzelt und er immer genügend Wasser findet.

Wer dort oben überlebt, muss zäh, ausdauernd und lebenskräftig sein; er verdient unseren höchsten Respekt!

Die Lärche und die Zirbelkiefer gedeihen hier oben, wo Eichen, Buchen, Tannen und Fichten längst nicht mehr vorkommen können.

Beide trotzen den Widrigkeiten, und doch sind sie dabei ganz verschieden:

Manchmal schmilzt das Eis eines Gletschers im Sommer stärker ab, als es im Winter wieder nachwächst. Dann bleibt dort, wo vorher das Eis lag, eine kahle Stelle zurück, wo nur Sand, Geröll und Kies liegen, aber noch kein einziges Pflänzchen wächst. Moose und Flechten siedeln sich schnell an, aber fast ebenso schnell ist die *Lärche*: Ihre kleinen, leichten Samen breiten an ihren Seiten zwei durchsichtige Flügel aus, mit deren Hilfe der Wind sie von weither anwehen kann. Schon bald keimt auf dem Schotterboden ein handspannenlanger Spross mit weichen, hellgrünen Nadeln.

Jedes Jahr schiebt sich die Spitze ein gehöriges Stück höher, sodass die Lärche schnell groß wird. Vor allem die Spitze wächst so rasant, als wolle sie sich so schnell wie möglich der Sonne entgegenstrecken. Mit den Ästen, die sie in sanftem Schwung zur Seite ausreckt, lässt sie sich viel mehr Zeit. So bildet sie eine schlanke, hoch aufragende, schwungvolle Gestalt – jedenfalls, wenn sie ungehindert wachsen kann. Sollte eine Schnee- oder Schlammlawine an ihr entlang talabwärts rauschen, so lässt sie sich von ihr nicht zerstören: Zwar werden ihr die Äste genommen, die sich leicht brechen lassen, doch bleibt der Stamm unbehelligt und kann schon im nächsten Jahr wieder neue Äste und Zweige bilden. So steht die Lärche bald wieder stattlich, aber immer schlank und leicht da. Sollte doch einmal der Wipfel vom Blitz zerschmettert oder in jungen Jahren von einer Gämse oder einem Reh gefressen werden, so richtet sich einer der oberen Äste auf und bildet eine neue Spitze.

Auch die Nadeln der Lärche wirken leicht. Sie stehen locker, lassen viel Licht hindurch und bleiben ganz hellgrün, statt wie die Nadeln aller anderer Nadelbäume in tiefdunkles Grün zu fallen. Ja, im Herbst verfärben sie sich sogar gelb, so goldgelb, dass der Lärchenwald an einem sonnigen September- und sogar an einem diesigen Novembertag selbst zu leuchten scheint! Und schließlich wirft die Lärche die Nadeln ab, sodass sie den Winter über kahl dasteht. Auch dies tut kein anderer Nadelbaum. Im Frühling sprießen dann die weichen

Schwungvoll gewachsene Lärche.

Nadeln erneut zu zwei bis drei Zentimetern Länge und stehen in flachen, scheibenförmigen Büscheln an den Zweigen. Die abgefallenen Nadeln verwittern, zersetzen sich zu Humus und bauen damit einen immer besser werdenden Boden auf, in dem später andere Bäume und Pflanzen keimen können.

Gleichzeitig mit den frisch sprießenden Nadeln erscheinen an den Zweigen wenige Millimeter große Zäpfchen, die trotz ihrer Kleinheit durch ihre schöne lila-karminrote Farbe auffallen. Das sind die weiblichen Blüten. An anderen Zweigen sitzen die ebenso kleinen, zapfenförmigen, aber unauffällig hellgrünen männlichen Blüten, die, wenn sie reif sind und sich öffnen, große Mengen Pollen entlassen, der vom Wind fortgetragen wird. Trifft er auf ein karminrot-lilanes Zäpfchen, so wächst dieses zu einem eiförmigen, zwei bis vier Zentimeter großen, hölzernen Zapfen aus, zwischen dessen Schuppen die kleinen geflügelten Samen sitzen, die wir schon kennen gelernt haben.

Weil die Lärche so locker und lichtdurchlässig wächst, fällt selbst auf den Lärchenwaldboden noch viel Sonnenschein. So können dort auch andere Pflanzen wachsen: Oft breiten sich ganze Blumenwiesen zwischen den Bäumen aus, sodass man auf ihnen, zwischen den Lärchen, wie in einem herrlichen Park spazieren kann. Im Sommer kann man dort sogar Gras für die Kühe mähen. So schafft die lichte Lärche Platz – nicht nur für sich, sondern auch für viele andere!

Wer nun den Stamm anschaut, wird sich wundern, wie rau und tief die dicke Rinde zerrissen ist. Dahinter verbirgt sich ein rotbraunes Holz von enormer Zähigkeit und Beständigkeit. Es ist so harzreich und elastisch, dass es selbst im Wasser nicht verfault oder reißt, wie fast alle anderen Hölzer. Deshalb verwendet man es gerne für Balkonverkleidungen oder Regenrinnen. Darin stecken Widerstandskraft und drastische Unnachgiebigkeit der Lärche! Mit so viel innerer Kraft versehen kann sie nach außen spielerisch wirken und Platz für andere schaffen. Sie behauptet ihren Platz!

Einige Jahre, nachdem sich die Lärchen auf der ehemaligen Gletscherfläche angesiedelt haben, entdeckt man zwischen ihnen weitere Pflänzchen mit Nadeln: Ganz anders sehen sie aus – derbe, dreikantige, dunkelgrüne, innen blau bereifte Nadeln, immer fünf zusammenstehend und ihrerseits in dichte und dunkle Büschel gepackt. Kiefernnadeln sind es, das erkennt man an ihrer stattlichen Länge von fünf bis acht Zentimetern. Und die Fünfzahl verrät uns, dass es sich um die *Zirbelkiefer* handelt, auch *Zirbe* oder *Arve* genannt. Das kleine Pflänzchen wächst nur langsam, und ebenso langsam wird sein Stämmchen dicker: Oft ist ein Jahresring im Holz nur einen Millimeter breit, in schlechten Jahren auch noch weniger. Aber zäh und ausdauernd wachsend kann die Zirbelkiefer sechshundert Jahre erreichen, manchmal sogar tausend Jahre. Damit erschafft sie ein sehr festes, schön goldgelb und dunkelbraun gemasertes Holz, das man gerne für Bauernmöbel verwendet.

Stark und lebenskräftig, von Sturm und Frost bedroht und immer wieder Zweige oder einen Ast verlierend, kämpft die Zirbelkiefer sich aufwärts. Ihre dunkle Gestalt wirkt oft zerzaust oder gar ruppig und wild. Auch unter der Erde kämpft sie um Halt in den Felsklüften und

Die Nadeln der Zirbelkiefer stehen dicht beieinander.

Spalten. Das kann man aber erst sehen, wenn einmal eine Arve stirbt und ihr Wurzelwerk ans Tageslicht kommt. In alle Richtungen winden sich die kräftigen Wurzeln wie verschlungene Riesenschlangen!

Ihre zapfenförmigen kleinen Blüten leuchten nicht fröhlich rot wie die der Lärche, sie sind erst unauffällig dunkelgrün-violett und werden später purpurbraun. Trägt der Wind den Pollen von männlichen Blüten heran, so reifen sie zu kräftigen, eiförmigen und eigroßen Zapfen, zwischen deren faserigen Schuppen, tief im Inneren große Samen wie Nüsse mit harter Schale sitzen. Die Samen sind zu schwer, als dass sie fliegen könnten, und fallen nicht weit vom Baum entfernt hinunter. Im Arvenschatten keimen sie nicht, dort ist es zu dunkel, wohl aber außerhalb.

Wie aber sind sie auf die Stelle gekommen, wo Lärchen wachsen und wo weit und breit keine alte Zirbelkiefer zu sehen ist, wenn sie doch nicht fliegen können? Das ist rätselhaft! Nur wer Geduld hat, kann das Rätsel lösen: Wenn im Herbst die Zirbelnüsse reifen, rätscht und krächzt es in den Baumwipfeln. Tannenhäher, große, braunschuppig gefiederte Verwandte des Eichelhähers, sitzen auf den zapfentragenden Zweigen und hacken mit ihren starken und spitzen Schnäbeln die Zapfen auf, sodass die Schuppen zur Seite fliegen! Sie knacken die Samenschale und verschlingen die würzigen Zirbelnüsse. Der Arvenwald ist ein großer, überreich gedeckter Tisch für die Tannenhäher! So reich ist er, dass sie gar nicht alles fressen können. Was machen sie, wenn sie schwer und satt gefressen in den Wipfeln sitzen? Legen sie sich wie eine satte Katze träge in eine Ecke und schlafen? Nein – sie rätschen und knacken weiter. Die überschüssigen Zirbelnüsse verstecken sie, wie der Eichelhäher die Eicheln, unter Moos, neben Wurzelstrünken oder unter Steinen. Oft fliegen sie ein ganzes Stück bergauf, um neue Verstecke anzulegen. Im Winter und Frühling, wenn keine Zapfen mehr an den Ästen hängen, erinnern sie sich an ihre Verstecke und graben die Nüsse wieder aus, denn außer Zirbelnüssen mögen sie gar nicht viel anderes fressen. Manchmal hat inzwischen eine Maus die Nüsse gefunden und verschnurpst, meist aber sind sie noch da. Die Tannenhäher brauchen schon ein sehr gutes Gedächtnis, um sich nach mehreren Monaten an die vielen hundert Verstecke zu erinnern! Manche Nüsse vergessen sie jedoch. Und da sie in gute, feuchte Erde gepflanzt sind, keimen sie im nächsten Frühjahr zu neuen Arven.

So können die schweren Arvensamen zwar nicht selber fliegen, haben aber ihr eigenes Flugzeug mit Pilot!

«Der kleinste Baum der Erde»

«Der kleinste Baum der Erde», so hat ihn Karl von Linné, der berühmte schwedische Botaniker, mit Respekt genannt. Wie hoch mag er wohl werden, wenn er ausgewachsen ist? Vier Meter, wie der Feldahorn unserer Hecken meistens wird? Oder nur einen Meter

In einer Felsritze ist die Krautweide gut geschützt. Die Blüte sitzt jeweils zwischen den beiden einzigen Blättern eines Sprosses.

wie die Zwergbirke der nordischen Tundra? Nein, viel kleiner: Die *Krautweide*, die im Gebirge weit oberhalb der höchsten Lärchen oder Zirbelkiefern gedeiht, steckt nämlich mit ihrem nur fingerdicken Stämmchen ganz in der Erde darinnen, meist schräg in einer Felsspalte. Selbst ihre Äste sind in den flachen Humusboden eingewachsen. Daraus ragen nur die kleinfingerlangen Zweige in die Luft empor. Jeder Zweig wiederum trägt zwei kleine, fein gezähnte, rundlich-ovale Blätter. Das ist alles, was man normalerweise von dem kleinsten Baum der Erde zu sehen bekommt!

Schon Ende August, Anfang September leuchten die kleinen Blätter goldgelb auf und fallen kurz darauf ab, denn dann weht der erste Schnee heran, der weit länger als ein halbes Jahr lang liegen bleibt. Die Schneedecke schützt die Krautweide vor allzu starkem Frost – wie ein

Iglu den Eskimo –, denn unter dem Schnee wird es kaum unter 0° C kalt; draußen aber kann es – 20° C und kälter werden. Außerdem pfeift dort ein scharfer, eisiger Wind, der die Zweige und Knospen geradezu abrasieren würde!

So geschützt wartet die Krautweide geduldig, denn sie ist auf alles vorbereitet: Ihre Blattknospen sind fertig angelegt, und selbst die Blütenknospen stehen schon bereit. Sobald der Schnee abschmelzen wird, werden die kleinen Blätter austreiben und die ebenso kleinen Weidenkätzchen sich hervorschieben. Die Kätzchen bergen, wie die der anderen Weiden auch, sehr viel Nektar, der den Bienen die erste Frühlingsnahrung nach dem langen Winter hier oben bietet.

Wenn später die Samen reifen, tragen sie, wie die aller Weiden, lange, weiße, weiche Haare und werden vom Wind weit fortgetragen. Unsichtbar unter der Erde hat die Krautweide im Vorjahr außerdem fünf Zentimeter lange Ausläufer angelegt, die nun ebenfalls austreiben und Wurzeln und Blätter ausstrecken, sodass das Bäumchen ein gutes Stück in die Breite wächst. Jahr für Jahr verbreitert es sich so. Nach zehn bis zwanzig Jahren stirbt jedoch der Stamm ab, sodass die Zweige allein weiterleben und einen eigenen Stamm ausbilden. So kann aus einer Weide ein Miniaturwäldchen von vielen Weidenbäumchen entstehen, das dabei so niedrig wie bisher bleibt: ein breites, ganz flaches Weidenwäldchen, eine Art grüner, wuscheliger Weidenteppich.

Die Weide wirft jedes Jahr ihre Blätter ab. Die zersetzen sich unter ihren Zweigen zu einem guten Humusboden, in dem sich zahlreiche schön blühende Pflanzen ansiedeln: Die zierlichen Eisglöckchen mit ihren winzigen, violetten Blüten erscheinen als erste, oft noch zwischen den letzten Schneeflecken. Wie Glockenblumen sehen sie aus, aber am Rand sind ihre Blütenglöckchen zierlich gefranst. Auch die Alpenwucherblume, kaum handbreithoch, wächst in dem Humus der Krautweide. Wie eine Margerite auf einem zu kleinen Stängel sieht sie aus und steht in dichten, weiß-gelben Blüteteppichen da. Dazwischen leuchten kräftig violett die winzigen Klebprimeln. Für sie alle schafft die Krautweide Boden und Raum, sodass sie in den kurzen Wochen des Alpensommers gedrängt intensiv leben und blühen können!

Mohn, Mohn, Mohn

Manche Gebirgszüge der Alpen bestehen aus reinem Kalkstein. Die Dolomiten oder die Karawanken sind solche Bergzüge. Der Kalkstein schimmert in der heißen Sommersonne hell, fast weiß. Er ist nicht sehr stabil, sondern recht bröckelig, sodass von den senkrecht aufragenden Bergzinnen jedes Jahr eine riesige Menge an großen und kleinen Kalksteinen abbricht und zu Tal stürzt. Dort sammeln sich im Laufe vieler Jahrtausende steile Halden von Kalksteinen an, die die eigentlichen Berge wie Trümmerhaufen umgeben. Man kann auf ihnen kaum laufen, da alle Steine ganz locker liegen und mit jedem Schritt zu rutschen beginnen. Je steiler der Hang, desto lockerer die Steine – und gar zu leicht stürzt man mit ihnen ins Tal!

Auf diesen Halden grünt kein Baum, kein Strauch und kein Gras, denn zwischen den lockeren Steinen können sie nicht wurzeln und Fuß fassen. Und doch glänzen auf der sonnendurchglühten Steinhalde vor dem sommerlich tiefblauen Himmel goldgelbe Tupfen: Seidig schimmernde und glänzende Blütenschalen, die sich der Sonne entgegenwenden und von ihr so durchschienen werden, dass sie vor dem blauen Himmel selber wie Sonnen aussehen, zittern und schwanken leise im Wind. Vier Blütenblätter bilden die gewölbte Schale, in der das Büschel gelber Staubblätter und der Stempel stehen, der aus mehreren Fruchtblättern zusammengewachsen ist. Oft sind sie noch etwas knittrig, als hätten sie sich zu schnell aus der behaarten Knospe herausgestreckt – und haben sich doch viele Monate Zeit dazu gelassen. Nur eine Handspanne ragt der Blütenstängel empor. Die Blätter sind nur einen kleinen Finger lang, sind schwach eingeschnitten und stehen in einem dichten Büschel gedrängt am Boden.

Wie kann dieses winzige, zarte, zauberhaft schöne Pflänzchen hier in dieser Steinwüste leben, ohne von den rutschenden Steinbrocken zermalmt zu werden? So zart sich die Blüte nach oben wendet, so zäh ist der *Alpenmohn* unter der Erde: Über einen Meter wächst die Pfahlwurzel in die Tiefe und verzweigt sich erst unterhalb des Gerölls

Winzige Blättchen und prall leuchtende Blüten des Alpenmohns. Die langen Wurzeln sieht man natürlich nicht.

in mehrere große Büschel, die sie gut festhalten. Sollten die Kalksteine trotzdem über sie hinwegrutschen, so reißt die zähe Wurzel nicht ab, sondern verbiegt sich nur und legt sich flach, um gleich aufs Neue Blätter auszutreiben. Wer unter der Erde so zäh und lebenskräftig wirkt, ist gut gerüstet, um über der Erde solch zarte und empfindliche Blüten hervorzubringen!

Für den Wanderer sind die goldenen Blüten wie ein kleiner goldener Glücksrausch inmitten des kargen, trockenen Gerölls. Und wenn er Fotograf ist, wird er wohl versuchen, ganz nahe an die schönsten Pflanzen heranzukommen, wird auf dem Bauch über das gefährlich lockere Geröll rutschen und sich vielleicht in Lebensgefahr bringen, um ein Bild mit nach Hause zu nehmen, was zwar nicht ganz genauso schön, aber doch ähnlich schön wie der Alpenmohn selber ist.

Vergleichen wir den Alpenmohn mit anderen Mohnarten:

Den *Klatschmohn* kannte früher jedes Kind. In jedem Weizen- oder Roggenfeld prangten seine scharlachroten Blüten zusammen mit den sommerhimmelblauen Kornblumen. Als Kinder wollten wir gerne Mohnblumensträuße pflücken, doch fielen die zarten roten Blütenblätter oft schon ab, bevor wir zu Hause ankamen – so empfindlich sind sie. Die Blüten haben unterschiedlich rote Farben: hellrote und blutrote, sogar solche in Rosa oder mit einem tiefschwarzen Fleck unten am Blütenblatt – sie gehören zu verschiedenen Sorten. Wer sich ein solches Blütenblatt von nahem anschaut, wird sehen, dass es keineswegs einfach rot ist, sondern winzig kleine, feine Rillen hat, in denen sich das Sonnenlicht spiegelt und glänzt, wie in feinstem Seidenstoff. Deswegen heißt er auch *Seidenmohn*.

Es gibt ihn bei uns, seit es Getreidefelder gibt; vorher, als hier noch Wald stand, wuchs er nur in den Steppen Persiens und Israels zwischen wildem Getreide, dort, wo es heiß und trocken ist. Im schattigen Wald könnte er nicht wachsen, da würde ihm die Sonne fehlen! Aber an offenen Feld- und Wegrändern oder an einer sonnigen Stelle im Garten gefällt es ihm gut. Je sonniger, desto intensiver leuchtet sein Blütenrot!

Seine ersten Blätter sind ähnlich einfach wie die des Alpenmohns, aber schon deutlich größer. Die späteren werden nicht nur größer, sondern auch stärker eingeschnitten, wobei sie verschiedene Formen annehmen, besonders die, die oben am Stängel sitzen, nahe an der Blüte.

Die Wurzeln hingegen sind sehr schwach ausgebildet: Mit *einem* Ruck hat man die ganze Pflanze aus dem Boden gezogen. So steht der Seidenmohn mit seinen herrlich zarten Blüten wie ein Träumer auf unsicheren Füßen.

Doch ist er wunderschön: Weil er so schön ist, säen ihn viele Gärtner in ihrem Garten aus. Auch die Mohnbiene, eine kleine, einheimische Wildbiene, besucht den blühenden Mohn, schneidet sich mit ihren kräftigen Kiefern große, runde Stücke aus den seidigen Blütenblättern, fliegt damit nach Hause und tapeziert mit ihnen die kleinen Erdhöhlen aus, in die sie anschließend ihre Eier legt. Einen Raum, der ganz und gar mit frischen, roten, seidigen Mohnblüten ausgekleidet ist – so etwas hat nicht einmal ein arabischer König! Wie man wohl in so viel traumhaft roter Mohnseide träumt?

Wer zum ersten Mal den *Schlafmohn* sieht, ist ganz merkwürdig berührt: Seine riesigen, wie zwei gewölbte Hände großen Schalenblüten sind von einem grauen, fast violetten Rosa, das wie eine ungesunde Gesichtsfarbe wirkt. Der schwarze Fleck unten auf jedem der vier Blütenblätter verstärkt noch den Eindruck, als stünde man einem hohläugigen Kranken gegenüber.

Der Schlafmohn kann einen Meter oder anderthalb hoch hinaufreichen. Seine Blätter sind groß, über eine Hand lang. Aber was ist mit ihnen los? Sie haben gar keine markante geschlitzte oder gegliederte Form, sondern sehen aus wie allererste Keimblätter, die immer größer geraten sind, ohne sich zu verändern – wie ein Baby, das immer weiter wächst, bis es so groß wie ein Erwachsener wird, aber noch immer ein Baby geblieben ist. Und wie sieht es unter der Erde aus? Eine winzige, zaghafte Wurzel, die sich nur wenig verzweigt, das ist alles! Wie soll diese dem Mohn Halt geben, wenn ihn ein kräftiger Wind anfährt? Das wird er wohl kaum ertragen und sofort umkippen!

Bald nachdem sie aufgegangen sind, werden die hinfälligen Blütenblätter abgeworfen und lösen sich schnell auf. Der bestäubte Stempel schwillt zu einer Kapsel an, die oben einen Deckel trägt. In dieser Kapsel lauert der Tod! Denn nimmt man etwas von dem Saft der unreifen Kapsel zu sich, so verliert man das Gefühl für seinen eigenen Körper, man scheint zu schweben; nimmt man mehr zu sich, verliert man das Bewusstsein und durchläuft schaurige Rauschzustände. Schließlich lähmt das Gift den Körper und die Lunge ganz, und man erstickt. Ein schauriges Gift, aus dem man mit sehr viel Geschick ein Betäubungsmittel gewinnen kann, mit wenig Geschick aber Tod und Verderben über die Menschen bringt, denn schon winzige Mengen machen so abhängig, dass man immer mehr zu sich nehmen muss und nicht mehr aufhören kann!

Morpheus, nach dem das Gift Morphium genannt wurde, ist der griechische Gott des Schlafes. Aber der Schlaf ist eben auch der kleine Bruder des Todes!

Reift die Kapsel hingegen in der Sommerhitze aus, wird sie fest und trocken; im Inneren fallen die reifen Mohnsamen heraus, sodass man sie klappern hört, wenn die Kapsel im Wind schaukelt. Schließlich öffnen sich unter dem Deckel ringsum am Rand zahlreiche kleine Löcher, aus denen die Samen wie aus einem Salzstreuer geschleudert werden.

Diese Samen sehen klein, blaugrau und runzelig aus. Jeder kennt sie, denn sie sind es, die auf Mohnbrötchen und -stangen gestreuselt sind oder die gemahlen oder gekocht zu köstlichem Mohnkuchen verbacken werden. So ausgereift ist in ihnen das Gift völlig verkocht. Nur ein klein wenig beruhigend wirken sie noch – ganz harmlos!

In Deutschland ist es verboten, Schlafmohn anzubauen, selbst im eigenen Garten. Wer Mohn für Mohnkuchen oder als Betäubungsmittel anbauen will, braucht eine Ausnahmegenehmigung, und seine Felder werden überwacht. Das ist gut so! Einst, so erzählten die alten Griechen, öffnete Pandora die Büchse, in der Krankheiten und Tod gefangen waren, weil sie nicht wusste, was darinnen war, und neugierig war. Seither ziehen viele Krankheiten durch die Menschheit. Das darf mit den Kapseln des Schlafmohns nicht passieren!

*

Wir wollen zu Land ausfahren,
über die Fluren weit,
aufwärts zu den klaren
Gipfeln der Einsamkeit.
Woll'n lauschen, woher der Sturmwind braust,
woll'n schauen, was hinter den Bergen haust,
und wie die Welt so weit, und wie die Welt so weit …

Es blühet im Wald tief drinnen
die Blaue Blume fein,
die Blume zu gewinnen,
zieh'n wir in die Welt hinein.
Es rauschen die Bäume, es murmelt der Fluss,
und wer die Blaue Blume finden will, der muss
ein Wandervogel sein, ein Wandervogel sein …

Dieses Lied hat den Österreicher Heinrich Harrer sein Leben lang auf allen seinen Expeditionen begleitet, und diese führten ihn in viele Länder. Er drang als junger Mann als Erster in die für Europäer verbotene heilige Stadt Lhasa in Tibet vor, wo er schließlich aufgenommen und sogar Lehrer des noch jungen Dalai Lhama wurde. Unzählige Expeditionen haben ihn später immer wieder nach Tibet, Nepal, Bhutan und die anderen Länder des riesigen Himalayagebirges geführt – zu Fuß natürlich, manchmal auch mit dem Yak als Tragtier, denn für Straßen sind die meisten Himalayatäler zu eng. «Frühling in Bhutan! Die Rhododendren malen die Landschaft in den buntesten Farben. Wohin wir gehen, leuchten die Blüten uns entgegen, dazu Magnolien, Orchideen, Gesundheit spendende Kräuter, Farne, lila Stiefmütterchen und viele Primelarten zwischen Enzianen, so blau wie der mittägliche Himmel», so schreibt er begeistert über seine Wanderungen. Das Schönste aber, wonach er sich über vierzig Jahre lang gesehnt hatte, war die Begegnung mit der Blauen Blume. Denn in den Tälern des Himalayas wächst die «Königin aller Himalayablumen»: der *Blaue Mohn*!

Tropft der Monsunregen vom Himmel – und das tut er in der monatelangen Regenzeit sehr häufig –, dann senkt der Mohn seine blauen Blütenschalen nach unten und scheint zu schlummern, während die Regentropfen wie Diamanten auf ihnen blinken. Schon jetzt sieht man das vornehme, ganz unirdische Blau, das es bei keiner anderen Blüte gibt: seidig glänzend wie alle anderen Mohnblüten, Himmelblau mit Türkisblau und Violettblau changierend – das Blau des Himalayahimmels am ganz frühen Morgen! Nur die edelsten, polierten Labradorite aus den Edelsteinminen Madagaskars schimmern ähnlich traumhaft schön! Bricht die Sonne zwischen den Wolken hindurch, so richtet der blaue Mohn seine Blüten auf und die goldgelben Staub- und Fruchtblätter leuchten darin wie die Morgensonne selbst im Himmelsblau.

Manchen Gärtnern gelingt es, den blauen Mohn im Garten zum Blühen zu bringen. Das ist nicht einfach, denn er braucht den Regen und den Nebel, um sich mit den vielen borstigen Haaren auf Blättern und Stängel das Wasser aus der Luft herauszukämmen. Zwar hat er kräftige Wurzeln, die so tief hinabreichen, wie der Stängel hinaufreicht, nämlich über einen Meter. Dennoch steht er nicht gerne in nassem Boden. Da braucht der Gärtner viel Geschick!

Noch viel schöner leuchtet er natürlich in seiner Heimat, dem Himalaya. Wer ihn sehen will, der muss die lange Pilgerreise machen. «Für mich bedeutete diese Begegnung mit meinem Jugendtraum eine Erkenntnis», so Heinrich Harrer: «alle Träume können in Erfüllung gehen, wenn man sie nur zielstrebig verfolgt. Bei mir hatte es vierzig Jahre gedauert.»

Die zielstrebige Erfüllung einer großen Sehnsucht, der Rausch der Schönheit oder des Glücks, aber auch entsetzliche, quälende Träume bis hin zum Tod – die Familie der Mohngewächse ist mit der Nachtseite des Menschen, mit Schlaf und Träumen, ganz eng verbunden. Die schönen von den schrecklichen Arten zu unterscheiden bedarf es sehr sicherer Kenntnisse und eines guten Laboratoriums. Manch einer aber sieht es dem Mohn schon von außen an, was in ihm steckt.

Mannsschild

Steigt man im Sommer immer höher und höher die Berge hinauf und lässt die bunt blühenden Weiden und Almen unter sich, so gerät man bald in eine scheinbar reine Steinewelt: Hoch oben ragen die schroffen Gipfelzacken auf, und unter den Füßen knirschen Fels und Schottergestein. Sprudelnde Bäche sind nicht mehr zu sehen; im Sommer verschwinden sie schnell zwischen den Schottern; und den Rest des Jahres sind sie gefroren, als wären sie ebenfalls zu Stein oder Kristall erstarrt. Kein wohltuendes Grün, keine farbenfrohe Blume erfreut das Auge; die bunt wogenden Wiesen liegen irgendwo weit unten

Die winzigen Blätter des Mannsschildes sind vor lauter Blüten kaum zu sehen. Links zum Größenvergleich ein Taschenmesser.

im Tal. Gibt es denn hier gar nichts außer grauen, kristallglänzenden Steinen? Doch: An einzelnen Stellen leuchten kleine, rosa Blüten mit gelbem Auge zwischen dem Geröll hervor, als wären es rosa Vergissmeinnicht, viele sind es und dicht an dicht aneinander gedrängt. Sie sitzen nicht an der Spitze eines schlanken Stängels, der sachte im Wind schwankt, sondern auf einem hand- bis fußballgroßen, halbrunden, grünen Polster, das sich so fest wie die Erde selber anfühlt. Ist es die Erde selbst, die solche Blüten hervorbringt?

Würden wir das grüne Polster vorsichtig öffnen, indem wir die festen, winzigen Blätter auf die Seite schöben – was gar nicht leicht gelänge –, so würden wir tatsächlich Erde, feuchte, humusreiche, schwarze Erde mit halb verrotteten Blättern darin finden, aber auch viele feste Stängel und Zweige des *Mannsschildes,* die sich in alle Richtungen hin eng verzweigen. An der Polsteroberfläche aber drängen sich, dicht an dicht, die millimetergroßen, eiförmigen Blätter, sodass von außen von der Erde nichts zu sehen ist und nichts verloren geht.

Die Erde hat der Mannsschild teils unter seinem Polster angesammelt, wenn der Wind sie als Staub vorbeiwehte, teils hat er sie aus seinen eigenen verwelkten Blättern selber gebildet. So hat sich der Mannsschild fest und wehrhaft wie die Erde selbst geschaffen, und das ist gut so in dieser rauen Höhe aus Stein und Fels. Auf diese Weise kann er in seiner eigenen Erde Wasser speichern, wenn alles ringsumher vertrocknet. Kein eisiger Wind kann ihn durchpfeifen und zum Erfrieren bringen, wenn im neun Monate langen Winter heftige Stürme blasen. Denn hier schützt ihn keine weiche Schneedecke – die ist schnell fortgeblasen. Der Mannsschild schützt sich selbst, indem er aus eigener Kraft zu schützender Erde wird.

Die freundlich leuchtenden Blüten mit dem gelben Auge aber gehören nicht zur Erde. Sie gehören zur Sonne und zeigen, dass die Blumen hier oben im Gebirge ihr ganz nahe sind!

Der Höhenrekord

Wer als erfahrener Bergsteiger einen der sehr hohen Gipfel der Alpen besteigt, etwa das Matterhorn oder das Finsteraarhorn, wer dann nach vielen Stunden harter Anstrengung endlich auf der kleinen Gipfelfläche angekommen ist, außer Atem und erschöpft, der hat wenig Zeit hier oben: Ein staunender Blick über die gestaffelten Bergreihen und -spitzen, ein Gipfelfoto, vielleicht noch ein Eintrag in das unter Steinen versteckte, in einer Blechhülle verpackte Gipfelbuch – schon beginnt wieder der Abstieg. Denn bewegungslos kann man trotz des dicken Bergsteigeranoraks nicht lange in der Kälte und dem schneidenden Wind hier oben ausharren. Nur das anstrengende Steigen hielt warm. Kein Wunder, dass es auf dem exponierten Gipfel keine anderen Pflanzen als Flechten gibt, etwa die Landkartenflechte, die die Felsen mit flachen, gelben Krusten überzieht, die so fest sitzen, dass man sie selbst mit dem Taschenmesser nur in kleinen Bruchstücken abschaben kann.

Doch schon ein paar Meter unterhalb des Gipfels, beim Finsteraarhorn auf 4.270 Meter Höhe, entdeckt der wieder absteigende Bergsteiger am Südhang die ersten Blütenpflanzen: Die Blätter ragen nur wenige Zentimeter aus dem steinigen Boden zwischen den Felsplatten hervor. Sie sind etwas fleischig, aber unverkennbar Hahnenfußblätter, wie sie die meisten Hahnenfußarten haben: fünffach gefiedert und an das Trittsiegel eines Hahns erinnernd. Doch über den Blüten schwanken große, daumenbreite, weiße Blütenschalen mit leuchtend gelben Staubgefäßen – überraschend groß für die kleinen Blätter und oft sogar größer als die Blüten der gelben Hahnenfüße in den üppigen Talauen. Wie eine flache, offene Schale wenden sich die wie dünnes Eis wirkenden Gletscher-Hahnenfußblüten der Sonne zu. Manche jedoch halten die Schale etwas geschlossener und sind dabei von außen von einem zarten, kühlen Karminrosa überhaucht. Je geschlossener die Blütenschale ist – manche sind wie eine Tasse oder gar wie eine Knospe geformt –, desto dichter legt sich das Rosa wie ein Schleier über die Blüte. Es verdichtet sich bis hin zum intensiven Rosenrosa und scheint die Blüte wie schützend zusammenzuhalten. Dieses schöne Rosa entsteht besonders dann, wenn die Tage sonnig und warm, die Nächte aber eisig kalt sind. Ob es die Blüte schützt? Wir wissen es noch nicht.

Erstaunlich und kaum verständlich ist, dass der Gletscher-Hahnenfuß es überhaupt schafft, Blüten hervorzubringen, obwohl dort oben neun Monate lang im Jahr eine geschlossene Schneedecke liegt. Auch in den übrigen drei Monaten fällt in der Nacht oft Schnee, oder es ist so kalt, dass alles erstarrt. Nur ein bis zwei Monate lang – so hat man gemessen – kann der Gletscher-Hahnenfuß im Jahr überhaupt wachsen. Das ist zu kurz, um genügend Kraft für die Blüten zu sam-

Halbkugelige, rosa Blüten des Gletscherhahnenfußes.

meln. Die diesjährigen Blüten hat er deswegen schon im vorigen Jahr als Knospen angelegt, manchmal auch schon im vorvorigen. So langsam geht es in der Kälte!

Auch die übrige Pflanze wächst langsam: Nach drei Jahren hat sich aus dem Samen oft nur ein einziges Blatt gebildet. Der Stängel verlängert sich in einem ganzen Jahr nur um wenige Millimeter. Da dauert es gut zehn Jahre, bis der Gletscher-Hahnenfuß ein Büschel Blätter und fünf bis sieben Blüten hervorbringt.

Am intensivsten wachsen die Wurzeln. Vor allem zu Beginn, wenn der Same keimt, wächst die allererste Wurzel sehr schnell. Sie ist besonders reißfest und verankert sich in der lockeren Feinerde zwischen den Felsspalten, denn gar zu leicht könnte es passieren, dass die Erde nach einem heftigen Regenguss talabwärts flösse. So aber hält die Wurzel sich und die Erde fest. Je weiter und dichter das Wurzelgeflecht sich erstreckt, desto mehr Erde kann es halten. Damit festigt der Gletscher-Hahnenfuß die wenige Erde, die auf den Gipfeln aus der Verwitterung des Felsgesteins entsteht. Ohne Pflanzen würde sie einfach ins Tal rutschen. So entstehen kleine feste Inseln, die wiederum größere Schuttbrocken festhalten können, sodass sich schließlich auch andere Pflanzen ansiedeln. Der Gletscher-Hahnenfuß ist nicht nur der Europa-Höhenrekordler aller Blütenpflanzen, sondern auch ein Pionier, der die großen Höhen für andere erschließt. Während die toten Steine zerfallen, verwittern und durch ihre Schwere nach unten gezogen werden, wächst der lebendige Hahnenfuß von unten immer höher hinauf, hält die Steine auf, macht aus ihnen Erde und trägt so das Leben der Sonne entgegen.

Edelweiß

Das Edelweiß kennt jeder: ob im Wappen des Alpenvereins, gestickt auf Dirndeln oder Trachtenjacken oder auf Postkarten aus den Bergen, es ist so recht eine Pflanze der höchsten Alpengipfelregionen und ist so etwas wie eine Symbolblume der ganzen Alpenbergwelt geworden. Dabei haben es die wenigsten je wirklich gesehen, und die meisten kennen es eigentlich gar nicht!

Warum ist das kleine Edelweiß so edel? Weil es ganz und gar weiß ist – überall auf dem Stängel, den schlanken Blättern und den sanft strahlenden Blüten? Das ist einzigartig – keine andere Pflanze in Europa ist so vollständig rein weiß. Wer mit der Lupe hinschaut, sieht, dass das Weiß aus feinsten weißen Härchen besteht, die die grünen, schmalen Blätter in einem dichten Flausch überziehen. Das ist ein feines, weiches Fell für das Edelweiß. Und es wirkt auch genauso: Es hält in den kalten Nächten warm; und wenn im Sommer die Sonne

Mehrere Blütenkörbchen stehen beim Edelweiß von den weißen Blättern wie ein Stern umrahmt.

gar zu heiß brennt, dann schützt es die grünen Blätter vor dem Verbrennen, wie ein Fell die Tiere oder wie ein Hemd oder Sonnenmilch unsere Haut.

So kann das Edelweiß an Stellen wachsen, die manchmal besonders kalt und manchmal sonnig und heiß sind, etwa in großer Höhe auf schmalen Felsbändern, wo selbst die trittsicheren Ziegen nur schwer hingelangen und es deshalb nicht fressen können. Es ist selten; und wer es finden will, braucht Geduld und Ausdauer. Er muss auch wissen, dass es nur auf Kalkfelsen steht, niemals auf Granit oder Gneis – sonst sucht er lange umsonst! Geschicklichkeit und manchmal Mut muss er auch mitbringen, um an die oft abseits aller Wege gelegenen Stellen wirklich zu gelangen!

Doch das Edelweiß ist noch aus einem weiteren Grunde edel: Seine schöne sternförmige Blume ist nämlich gar nicht nur *eine* Blüte. Viele Blüten stehen hier beisammen in einem Körbchen, wie bei der Überblüte der Sonnenblume oder der Wegwarte. Doch anders als bei diesen stehen beim Edelweiß noch einmal mehrere Körbchen beisammen und sind noch einmal von einem sternförmigen Kranz weißer Blätter umgeben. Die scheinbaren weißen Edelweißblüten sind also gar keine Blütenblätter, sondern einfache weiße Blätter, die mehrere Blütenkörbchen noch einmal zusammenfassen. Noch einmal langsam: Die winzigen Blütchen stehen als Körbchen zu einer Überblüte zusammengefasst. Und mehrere Körbchen stehen zu einer «Über-Überblüte» zusammen, zusätzlich von weißen Blättern, die sonst am Stängel verteilt stünden, sternförmig umrahmt! Das ist einmalig unter allen Pflanzen und wahrlich ein Grund, das Edelweiß edel zu nennen!

Früher galt es als besonders tapfer, wenn ein junger Mann ein solch edles Edelweiß abbrach und es seiner Freundin schenkte. Heute sollten wir uns auch dem Edelweiß gegenüber edel verhalten und es an den wenigen Stellen, wo es noch wächst, auch wirklich wachsen lassen. Ein gutes Foto von ihm zu machen ist viel schwerer und edler, als es abzureißen!

Wer meinte, er täte dem Edelweiß etwas Gutes, wenn er es von dem rauen, unwirtlichen Berg in das milde Tal und in gute Garten- oder Blumenerde brächte, der würde enttäuscht: Das strahlend-weiße, straffe Edelweiß würde grau und schlaff und ließe die Blätter hängen. Es gehört eben in die höchsten Berge und unter die starke Gebirgssonne!

Im Wasser

Seerosen und Lotos

Ursprünglich gab es nur algen- und tangartige Pflanzen, die im Wasser lebten. Aber schon vor vielen Millionen Jahren wagten sich die ersten von ihnen aufs feste Land: Sie bildeten richtige Wurzeln, reckten ihre Stängel der Sonne entgegen und entfalteten langsam und allmählich richtige Blätter. Noch später erschienen dann die ersten Blüten. Im Wasser blieben nur die Tange und Algen zurück, die bis heute keine Blüten zeigen. Sehen wir heute eine blühende Pflanze im Wasser schwimmen, ist es keine Alge und kein Tang, sondern eigentlich eine Landpflanze, die mitsamt ihren Wurzeln, Stängeln, Blättern und Blüten wieder zurück ins Wasser gegangen ist. Es gibt wunderschöne solcher Wasser-Blütenpflanzen: besonders die Seerosen!

Seerosen wurzeln im weichen Ufer von Teichen, Seen und Altwasserarmen, wo ihr kräftiger Wurzelstock am Boden entlangwächst. Von dort aus schicken sie ihre noch zusammengerollten Blätter an die Wasseroberfläche. Zwei Meter lang, manchmal sogar drei Meter muss der Blattstiel sich recken, bis er die Wasseroberfläche erreicht. Dort entfaltet sich die fast runde Blattfläche mit ihrem tiefen Einschnitt, die ein bisschen an ein dickes, rundes Herz erinnert. Die Blattflächen schwimmen nun auf dem Wasser wie ein Floß, werden aber über die langen Blattstiele von den Wurzeln versorgt und versorgen wiederum diese, besonders mit Zuckersaft und Luft, die durch die Blattstängel hinabgeleitet werden. Für diese Aufgabe ist der Stängel gut geeignet, denn er ist breit und luftdurchlässig; man soll sogar durch ihn hindurchblasen können. Da man ihn dazu aber abreißen müsste, lassen wir ihn lieber weiterleben!

*Die Blüten der Weißen Seerosen schwimmen unmittelbar
auf dem Wasser zwischen ihren Blättern.*

Die winzigen Poren, durch die die Blätter die Luft aufnehmen, liegen bei den Seerosen nicht wie bei allen Landpflanzen auf der Blattunterseite, sondern auf der Blattoberseite – und das macht Sinn! Die Blätter schwimmen sehr gut. Wenn sich einmal ein Wasserfrosch auf sie setzt, so gehen sie davon nicht unter. Sie halten auch einmal Wellen oder einen Sturm aus. Viel lieber aber haben sie einen stillen, ruhigen Wasserspiegel, wo sie sich glatt auf dem Wasser und ganz im Sonnenlicht ausbreiten können. Deswegen gedeihen sie in kleinen, stillen Tümpeln viel besser als in großen, sturmbewegten Seen, auf denen sie sich mehr an die Zonen am Ufer halten, wo das Wasser auch noch nicht zu tief für ihre Blattstiele ist. In fließenden Flüssen haben sie nicht genügend Ruhe für ihre Blätter. Dort können sie nicht leben!

Im Juni schwellen tief unter Wasser neue Knospen heran, die immer dicker und dicker werden und immer näher an die Wasseroberfläche herankommen. Schließlich treten sie hervor ans Licht und an die Luft. Jetzt öffnen sich die faustgroßen, spitz-ovalen Knospen zu strahlend-weißen Blüten, die wie flache Teetassen geformt sind und viele große Blütenblätter tragen, die außen groß und weiß, innen immer kleiner und gelblich gefärbt sind und schließlich in zahlreiche, leuchtend gelb gefärbte Staubblätter übergehen. Rein, sauber und wie Mondenglanz schimmern die Blütenblätter, als würden sie vom Sonnenschein im Inneren beleuchtet.

Unsere einheimischen Seerosen blühen alle weiß. In Gärten und Parks findet man aber auch aus Afrika, Asien und Amerika eingeführte oder gezüchtete Arten und Sorten, die gelblich, rosa oder hellblau blühen. Aus Afrika stammen himmelblau blühende Seerosen, deren Staubblätter sonnengelb leuchten. Im alten Ägypten waren sie als Bild der goldenen Sonne im blauen Himmel hoch verehrt. Auch waren die Ägypter sehr davon beeindruckt, dass diese sonnenartig reine Blüte, wenn sie verblüht war, mit ihren Früchten in den trüben Nilfluten versank und im Frühjahr so rein und sauber wieder hervorkam – wie die Sonne, die am Abend in die Finsternis der Nacht eintaucht und am Morgen strahlend rein wieder erscheint!

Auch andere einheimische Wasserpflanzen sehen der Seerose ähnlich: die kleinere, gelb blühende Teichrose, auch Mummel genannt, oder die noch viel kleinere Seekanne und der Froschbiss. Sie haben ganz ähnliche – wenn auch viel kleinere – rundliche, auf dem Wasser schwimmende Blattflächen mit langen, im Boden verankerten Blattstielen, und ihre gelben oder weißen Blüten schwimmen wie träumend direkt auf der Wasseroberfläche. Trotzdem sind all diese Schwimmpflanzen gar nicht näher miteinander verwandt. Es sind die Wasseroberfläche, das Wasser unter ihnen und die Luft über ihnen, die sie einander so ähnlich machen. Selbst ein kleiner Farn versucht eine solche runde Form zu erreichen, wenn er mit seinen Blättern auf dem Wasser schwimmt. Es ist der Kleefarn, dessen Blätter wie Glücksklee aussehen. Fällt der Wasserstand aber und steht er auf dem «trockenen» (meist aber schlammigen) Land, so wendet er seine Blätter schräg zur Sonne.

In sehr großen Gewächshäusern mit großem Teich sieht man manchmal eine tropische Riesenverwandte der Seerosen: Die Victoria breitet ihre einen bis drei Meter großen Blattflächen auf dem Wasser und klappt die Ränder wie bei einem Tortenboden etwas hoch, sodass kein Wasser auf sie laufen kann. Solch ein Blatt ist Rekordhalter unter den Blättern; es ist so groß, dass ein kleines Kind auf ihm sitzen kann, ohne dass es – und das Kind mit ihm – untergeht! Am Amazonas, wo sie herkommen, laufen natürlich keine Kinder über die Blätter, aber stattdessen Wasserhühnchen mit lang gestreckten, zarten Füßen, die dort nach Würmern und Insekten suchen.

Die schönste aller Wasserpflanzen aber ist der *Lotos*, der von Indien bis Südchina und Japan vorkommt! Seine Stängel wurzeln in schlammigen Teichen und bilden Blätter, deren erste den Seerosen ähneln: sehr große, ganz runde Blätter, die auf dem Wasser schwimmen. Das ganz Besondere an ihnen ist, dass man sie nicht beschmutzen kann. Dreck, Schlamm und selbst fest Klebendes wie Lackfarbe haftet nicht an ihnen, sondern perlt einfach ab. Läuft Wasser auf sie, so sammelt es sich in großen Perlen, die wie Quecksilber glänzen, und läuft von den Blättern ab.

Werden die ersten Blütenknospen angelegt, so erheben sich die Blätter aus dem Wasser, wie große, flach gewölbte Schalen, die – wie von Zirkusakrobaten – in der Mitte balanciert werden. Regnet es in sie hinein, so sammeln sich große Tropfen in ihrer Mitte, die zitternd wie Quecksilber hin- und herrinnen, bis ein Wind kommt und sie hinauslaufen lässt. Nichts kann die Lotosblätter beflecken!

Ein Botanikprofessor hat vor kurzem die Lotosblätter ganz genau untersucht, und seither versucht man einen Lack zu entwickeln, der einen ähnlichen Effekt wie der Lotos hat. Dann könnte man Brücken oder Unterführungen nicht mehr beschmieren, und Autos bräuchte man nie mehr zu waschen, da sie nicht mehr dreckig würden!

Jede Lotosblüte ist ein einziger Traum: Zwanzig Zentimeter groß,

oben zugespitzt, strebt sie auf einem schlanken Stängel, leicht im Wind schwankend, über die Blätter hinaus – einen oder manchmal zwei Meter hinauf. Dann öffnen sich langsam die riesigen, durchscheinend weißen, leicht rosa überhauchten Blütenblätter und geben den Blick frei auf das goldgelbe Innere. Schöner kann ein Traum nicht sein!

Überall, wo er wächst, gilt der Lotos als heilig und wird in vielen Tempelteichen angepflanzt, denn wie der Lotos sollte ein guter Mensch leben können: selbst wenn er im sumpfigsten Schlamm seine Wurzeln hat, sich doch von keinem Schmutz oder Dreck beflecken lassen und stattdessen solche schwebend schönen Blüten hervorbringen! Und Buddha selbst, wenn er im ganz vergeistigten Zustand dargestellt wird, sitzt dann nicht auf einem irdischen Stuhl oder Thron, sondern auf einer Lotosblüte!

«Om mani padme hum» – übersetzt etwa: «Oh, du Juwel in der Lotosblüte» – murmeln die buddhistischen Pilger auf dem Weg zu den heiligen Stätten, wenn sie sich an Buddha wenden.

Da er Frost und rauen Winter nicht erträgt, ist der Lotos bei uns nur selten und nur in wenigen botanischen Gärten zu bewundern. Nur seine dunklen Fruchtstände, die wie Tüllen von Gießkannen aussehen, findet man getrocknet oft in Blumenläden. Aber das ist nur noch eine Erinnerung an die große Lotos-Schönheit.

Die japanischen Dichter lieben den Lotos und die zarten Stimmungen, die zu ihm gehören, sehr. Man versteht nicht immer sofort, was sie in ihren Gedichten sagen wollen, da sie es so verhalten und im Bild sagen. Man muss eben erst selber ganz still werden:

> Ein Regenschauer
> streicht erfrischend vorüber.
> Auf dem Lotosblatt
> den Glanz der Abendsonne
> spiegeln die Wasserperlen.
> Fujiwara Mitsukuni (1628 – 1700)

Verschieden weit geöffnete Blüten des rosa Lotos.

Wasserhahnenfuß

Auch der Wasserhahnenfuß ist eine blühende Wasserpflanze und stammt ursprünglich von den auf dem festen Land lebenden Hahnenfußarten ab. Die verschiedenen Arten leben in kleinen Tümpeln oder in großen, aber flachen Seen, doch auch in Bächen und kleineren Flüssen. Diejenigen Arten, die in Tümpeln oder Seen, also stehenden Gewässern, vorkommen, lassen ihre obersten Blätter – ebenso wie die Seerosen – bis an die Wasseroberfläche, bis an die Luft heraufkommen. Dort versuchen sie wie diese eine runde Blattfläche zu erreichen; aber man kann sich schon denken, dass dies einem ursprünglich spitzen Hahnenfußblatt nicht ganz gut gelingt – es wird zwar rundlicher, behält aber seine typische Hahnenfußform bei.

Die meisten Blätter erscheinen jedoch gar nicht an der Wasseroberfläche, sondern bleiben ganz unter Wasser. Diese sehen nun ganz anders aus als jene an der Luft: Sie sind in zahlreiche, feinste Fasern zerschlitzt – nicht breiter als die Blattadern und ohne jede Fläche dazwischen – und sähen, wenn sie nicht grün wären, eher wie ein Wurzelgeflecht als wie Blätter aus. Und tatsächlich: Zwar sind es richtige Blätter, die mit ihrem Blattgrün das Licht aufnehmen; gleichzeitig saugen sie aber aus dem Teich Wasser und Nährsalze auf, wie es sonst die Wurzeln tun. Die eigentlichen Wurzeln hingegen sitzen tief im Seeboden und verankern den Wasserhahnenfuß fest im schlammigen Boden.

Jene Wasserhahnenfußarten wiederum, die nicht in Teichen oder Seen, sondern in Bächen und Flüssen, also in Wasser, das fließt und Wellen wirft, vorkommen, haben keine auf der Wasseroberfläche aufliegenden, rundlichen Blätter. Dazu würde ihnen – anders als den Seerosen und dem Lotos – die nötige Ruhe fehlen. Nur zerschlitzte Blätter sitzen an ihrem weit ausgestreckten, bis sechs Meter langen Stängel. Trotz seiner Länge verholzt der Stängel nicht, sondern bleibt weich und beweglich und schwingt so mit jeder wellenden Strömung

Dicht an dicht schweben die Blüten des Wasserhahnenfußes über dem Wasser.

sanft wogend mit – ein grünes Büschel langer pflanzlicher Haare oder zu Pflanzen verwandelter Wellen.

Diese zerschlitzten, wurzelähnlichen Blätter bilden sich also nicht an Luft und Licht, sondern nur unter Wasser, als wäre das Wasserinnere schon so etwas wie die Erde selber, die selbst Blätter zu Wurzeln werden lässt.

Der Wasserhahnenfuß der Bäche und Flüsse scheint so recht eine Pflanze des Wassers oder der Strömung geworden zu sein – aber doch nicht ganz! Im Mai recken sich zahllose kleine, rundliche Knospen einige Zentimeter aus dem Wasser heraus, und kurz darauf öffnen sich die zart-weißen und am Grund gelben Blüten mit ihren gelben Staubblättern. Am schönsten sind sie in lauer Frühlingsdämmerung, wenn der Abendhimmel schon dunkelblau geworden ist und der Teich das tiefe Himmelsblau widerspiegelt. Dann schweben die zarten weißen Blüten wie unzählige Sterne über dem schlafenden Wasser, als wären die Sterne ganz nahe an die Erde herangekommen oder als würde der blaue Teich von dem Sternenhimmel träumen – gerade so wie in dem schönen Gedicht «Mondnacht» von Joseph von Eichendorff, das so beginnt:

> Es war, als hätt' der Himmel
> die Erde still geküsst,
> dass sie im Blütenschimmer
> von ihm nun träumen müsst.

Der Wasserschlauch

Über stillen, dunklen, oft moorigen Teichen, die ringsum von schattenwerfenden Sträuchern umgeben sind, schweben im Sommer manchmal goldgelbe, zwei bis drei Zentimeter große Blüten mit einzelnen orange-roten Flecken und Adern. Mit ihren zwei großen Lippen erinnern sie ein wenig an tropische Orchideen oder an Garten-Löwenmäulchen; auch hier kann man schlecht in ihr Inneres hineinsehen. Zu welcher Pflanze gehören diese seltsamen Blüten? Zu acht oder zehn sitzen sie an einem kahlen Blütenstängel, der direkt aus dem schwarzen Wasser aufragt. Sonst ist nichts zu sehen! Würde man an dem Blütenstängel vorsichtig ziehen, so würden direkt unter der Wasseroberfläche drei bis vier waagrechte Stängel auftauchen, die verhindern, dass der zwanzig Zentimeter hohe Blütenstand vom Wind umgeweht wird. Zöge man noch weiter, so käme ein langer Stängel zum Vorschein, der gar nicht abreißen würde, da er gar keine Wurzeln hat, mit denen er sich im Boden festhalten könnte. Der ganze, einen bis zweieinhalb Meter lange Stängel schwimmt also frei im Wasser; nur die Blüten schweben darüber.

Die gelben Blüten des Wasserschlauches ragen zwischen Blättern des Wasserknöterichs hervor. Die untergetauchten Wasserschlauchblätter sind nicht zu sehen.

An dem weichen, beweglichen Stängel sitzen auch keine Blätter. Was jetzt nur nass am Stängel klebt, sieht im Wasser wie zerschlitzte Wasserhahnenfußblätter aus. Es sind aber in Wirklichkeit gar keine Blätter, sondern Seitenstängel, die sich vielfach zu feinen, dünnen Ästchen aufteilen. Sie sehen wie feine Wurzeln aus, saugen auch ebenso wie diese Wasser auf, sind aber trotzdem grün, um das Sonnenlicht aufzunehmen. Hier ist also alles verdreht: ein Stängel, der wie Wurzeln aussieht und wie Blätter und Wurzeln wirkt. Der Wasserschlauch – so heißt die seltsame Pflanze – ist offenbar etwas merkwürdig!

Was hier am allermerkwürdigsten ist, sieht man jedoch erst mit einer Lupe: In den Achseln jedes wurzel-blatt-artigen Stängels findet man mehrere Dutzend pfefferkorngroße, anfangs durchsichtige, später dunkle, seltsame Gebilde. Sie sehen aus wie ein etwas eingebeulter, kleiner Ball, der nach einer Seite hin geöffnet ist. Dort hängt eine Klapptür, und es spreizt sich ein ganzes Büschel von längeren und kürzeren Borsten nach außen.

Kommt nun ein Wasserfloh, ein nur millimetergroßes Krebschen, mit seinen hüpfenden Ruderbewegungen in die Nähe dieser Borsten, so folgt er ihnen vielleicht bis dorthin, wo diese sich verengen. Plötzlich – man kann gar nicht so schnell schauen – ist der Wasserfloh weg! Wohin? Der winzige Ball ist nun nicht mehr eingebeult, sondern prall-rund. Was ist geschehen?

In dem Moment, in dem der Wasserfloh eine der kurzen Borsten berührte, schnappte die Falle zu: Der eingebeulte Ball beulte sich aus, riss das Wasser mit dem Wasserfloh in sich hinein; die Falltür wurde erst hineingerissen, dann wieder so vor den Ausgang gedrückt, dass die Falle wasserdicht geschlossen war. Das alles geschah blitzartig schnell, in einer Zehntausendstel Sekunde – zu schnell zum Zuschauen, zu schnell auch für den Wasserfloh, der gar nicht begriff, was geschah. Alles Folgende geht langsam vor sich: In den nächsten zwanzig Minuten drückt die Fangblase das Wasser aus sich heraus, ohne die Falltür zu öffnen – man weiß noch gar nicht wie –, und gibt dann Säfte und Sekrete in sich hinein, die den Wasserfloh auflösen. Anschließend saugt sie das Vorverdaute in sich auf. Diese Fangblasen ersetzen also echte Wurzeln. Mit ihnen nimmt der Wasserschlauch Nährstoffe in sich auf, die er ohne Wurzeln nicht bekommt.

Ein seltsamer Kerl, dieser dürre, wurzel- und blattlose Wasserschlauch! Was macht er wohl im Winter, wenn der Teich zufriert? Am Ende seiner Stängel formt er kleine grüne Knospen, die im Herbst, wenn die Pflanze verwelkt, sich ablösen und auf den Teichboden sinken. Dort friert es den ganzen Winter nicht, sondern bleibt mindestens vier Grad «warm». Wenn der Frühling kommt und das Eis abtaut, wird die Knospe allmählich leichter, bis sie so leicht ist, dass sie an die Wasseroberfläche treibt. Dort keimt sie aus und bildet einen neuen Wasserschlauch.

In Spezialgärtnereien kann man den Wasserschlauch kaufen, in ein Aquarium setzen, mit Wasserflöhen füttern und selbst beobachten!

Tange und Algen

Alles Leben kommt ursprünglich aus dem Meer. Tiere und Pflanzen waren im Meer zu Hause, bevor sie vor Urzeiten zum ersten Mal das Land betraten und besiedelten. Dabei veränderten sie sich sehr: Nicht Fische gingen an Land, sondern Lurche und Molche; schließlich entstanden Reptilien, Vögel und Säugetiere. Von den ursprünglichen Meerespflanzen stammen alle Landpflanzen ab und von diesen wiederum die Wasserpflanzen, die wir bisher kennen gelernt haben. Die Meerespflanzen selbst aber blieben in ihrem allgemeinen Aufbau so, wie sie damals waren. Sie erinnern nur wenig an die uns bekannten Pflanzen; am ehesten tun das noch die *Tange*: Sie haften und kleben sich am steinigen Meeresboden fest – mit etwas Ähnlichem wie Wurzeln, wenn sie damit auch nicht *in* dem Meeresboden wachsen und keine Nährstoffe oder Wasser aufsaugen. Stängel und Blätter sind einander noch ähnlich: große, dünne, lappige Gebilde, die an Land in sich zusammenfallen müssten, im Wasser aber wie Segel ausgebreitet schweben.

Manche Tangarten, wie der *Birntang*, wachsen ungeheuer schnell, bis sechzig Zentimeter am Tag, und werden größer als die größten Blauwale, ja mit über hundert Metern Länge über dreimal so lang! Gasgefüllte Blasen in den treibenden Blättern sorgen dafür, dass sie nach oben, zum Licht hin, getragen werden. Oft reißen Stücke vom Stängel in der Meeresströmung ab und können anderswo wieder anwachsen. Blüten und Früchte bilden die Tange nicht.

Ein Birntangwald ist ein gigantischer Meeresdschungel, der mit jeder Strömung schwingend bewegt wird und hin- und herflutet. Viele Tiere leben hier: *Meeresotter*, doppelt so groß wie die heimischen Fischotter, wuseln zwischen den Tangen hindurch. Sie binden sich zu mehreren (manchmal einigen hunderten) mit Tangstücken zu einer Art Floß zusammen und treiben so, auf dem Rücken liegend, dahin, während die Meerotterbabys auf ihrem Bauch sitzen und spielen. Meerotter tauchen nach Muscheln und Schnecken am Meeresgrund, sammeln und knacken aber auch die stachligen Seeigel, die von dem Tang fressen. Wenn deren Schale zu hart ist, zertrümmern sie diese mit einem Stein, den sie sich aber nicht jedes Mal neu suchen, sondern in eine Hautfalte zwischen Brust und Vorderbeinen klemmen, sodass er immer griffbereit ist.

Seepferdchen und *Seenadeln* verstecken sich reglos und fast unsichtbar zwischen den Tangpflanzen. *Aale* ziehen zur Eiablagezeit in großen Wanderungen aus Flüssen, Bächen und Seen in tangbewachsene Meereswälder. Die dort aus den Eiern schlüpfenden Jungaale bleiben drei Jahre lang in den Tangwäldern. Dann ziehen sie zu den Küsten und die Flüsse und Bäche hinauf, wo sie fortan leben, bis für sie die Zeit zur Eiablage kommt.

In Japan nutzt man diese großen Tange, etwa für die Umhüllung von Sushi-Portiönchen. Getrocknet und fein gemahlen stecken sie ganz unbemerkt in Verdickungsmitteln für Puddings, Cremes und Speiseeis. Um sie zu gewinnen, wird entweder der frei wachsende Tang mit einer Art großer Wassermähmaschinen geerntet. Oder er wird auf Netzen und Bambusgittern in einem Wassergarten im flachen Meereswasser angesiedelt. Nach einigen Wochen kann er dann während der Ebbe geerntet und getrocknet werden.

Die meisten Meerespflanzen sind aber nicht groß, sondern klein, manche sogar mikroskopisch klein. Einige wenige bilden grüne, watteartige Fäden oder Beläge auf Steinen, die manchmal den Badenden glitschig und eklig vorkommen. Die allermeisten Algen sind aber so klein, dass man schon ein Mikroskop braucht, um sie überhaupt zu sehen. Mit bloßem Auge erkennt man nur grünes Wasser. Die grüne

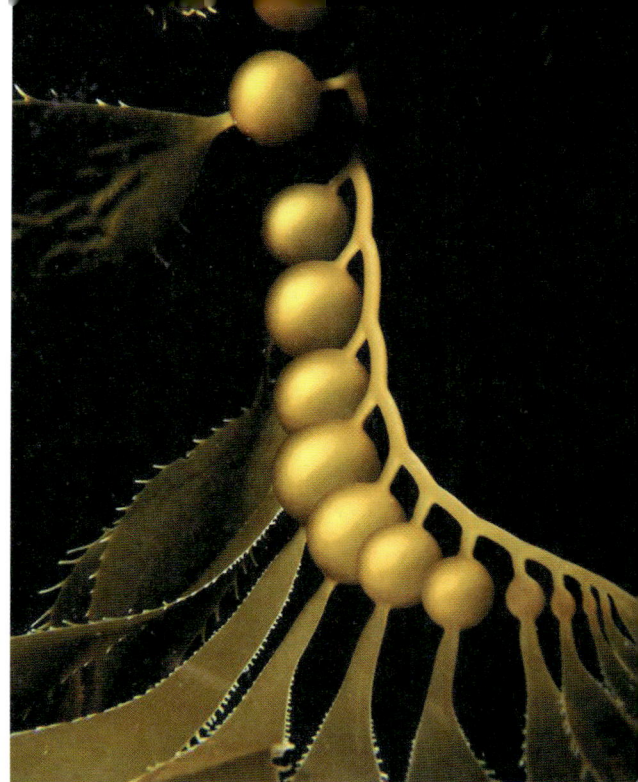

Die Blasen an den Blättern lassen den Tang oben schwimmen.

Farbe stammt tatsächlich von der großen Zahl winzigst kleiner Algen. Reines Wasser ohne Algen ist nämlich türkis- bis dunkelblau.

Diese Algen sind nirgends festgewachsen. Es gibt für sie kein «oben» oder «unten». Sie ähneln damit ungeborenen Kindern, die auch noch nicht wissen, wo «oben» oder «unten» ist, solange sie im Bauch ihrer Mutter, im Fruchtwasser schweben – mal kopfüber, mal kopfunter, mal schräg, mal gerade –, bis sie zur Welt kommen. Für die Algen ist das Meer der Mutterleib. Es versorgt sie mit allem, was sie brauchen: Wasser, Nährsalze, Licht – alles ist um sie herum im Überfluss vorhanden. So vermehren sie sich rasch.

Wird das Wasser aber eines Tages rot statt grün, droht höchste Gefahr: Die roten Fluten – *rote Tiden* nennt man sie – bestehen zwar ebenfalls aus mikroskopisch kleinen Algen, aber diese roten Algen sind hoch giftig. Fische, Krebse und andere Meerestiere sterben in großen Massen an deren starkem Gift. Muscheln und Austern sind dagegen unempfindlich, lagern es aber in sich. Isst man solche Muscheln, verursacht das gesammelte Gift Lähmungen, die bis zum Erstickungstod führen können. Die Muschelernte wird deshalb nach einer roten Tide für mehrere Monate verboten.

Ganz und gar ungefährlich und eine der schönsten Erscheinungen des Meeres überhaupt ist das Leuchten des Meeres: Stehen wir in einer dunklen, warmen Sommernacht am Strand des Mittelmeeres, können wir das Meer leuchten sehen; nicht da, wo es stillsteht, sondern dort, wo es sich bewegt. Jede Welle, die sich in Strandnähe rauschend überschlägt, leuchtet von innen heraus, als glänzten Sterne aus ihr heraus. Schwimmt man im Wasser, so umfließt ein silbern-glänzendes Leuchten die Hände und den Körper, wie ein stilles Funkenfeuerwerk oder ein blinkender Sternschnuppenschwarm, der lautlos durch das nächtliche Wasser zieht.

Es sind Milliarden mikroskopisch kleiner Algen, die, wenn das Wasser sich bewegt, für eine Zehntelsekunde lang aufblitzen und sofort wieder verlöschen. Warum sie dies tun, wissen wir noch nicht. Es erscheint uns, als ob die Algen in der Nacht aufblühen würden, die Algen, die ja selber noch gar keine Blüten bilden. Vielleicht ist es ein Traum der Algen aus den Urzeiten, als sie schon im Wasser lebten, es aber noch gar keine Landpflanzen, noch gar keine Blüten gab. Vielleicht träumte die Pflanzenwelt damals schon davon, eines Tages farbig leuchtende Blüten zu bilden. Ein solcher Traum ist vielleicht das leuchtende, sternenartige Glitzern der Algen im nächtlich dunklen Wasser: ein uralter, über das weite Meer ausgebreiteter, glühender Traum der ganzen Pflanzenwelt – so traumhaft sieht es jedenfalls aus!